U0057799

突破閱讀困難的另一種模式

挪威的閱讀困難補救系統

洪儷瑜　著

目次

Contents

Contents

作者簡介

洪儷瑜

◆學歷◆

美國維吉尼亞大學特殊教育哲學博士

◆現職◆

國立台灣師範大學特殊教育學系教授

前　言

每一項政策的實施都需要考慮地區的背景，包括歷史、政治、經濟、文化、社會、人權概念發展……等，特殊教育也不例外。回國二十年來，為了解決特殊教育的問題，一心想提升學生在學校教育的受惠數量與品質，曾經與各級政府或各地教師研發不同的方案，難免都以熟悉的美國為主要參考標的；然而美國在很多社會福利的落實和解決社會問題的思維，在國際間並不是最人本（personal-center）的，其社會福利的設計與思維對人權的考慮遠落後於很多歐洲國家。因此，我不斷提醒自己，到底要為台灣的下一代規劃出什麼樣的教育環境，如何走出美國和台灣的思維，如何讓解決問題的思維更為多元，一直衝擊著自己。

訪問不同國家為的只是想近距離地去瞭解不同國家的政策，透過在當地生活、參與活動、實際參觀，和訪問當地人、與當地人在情境中的交流互動，所瞭解的不僅是書面上的資料文件，更可以瞭解很多政策的背景、實施方式和其效應。這樣的訪問報告，無所謂好壞或互比高低，只是想深入瞭解不一樣的思維和文化會如何面對我們所面臨的問題；此次的訪問報告也以此為目的，試圖幫助自己把陌生的國家和制度整理出來，再與台灣的經驗對照，透過對照讓我們更瞭解自己，也藉此反思我們的政策和思維。旅行確實可以深入當地文化、社會，透過異國的經驗也有助於瞭解自己的文化和社會。這次短期研究的經驗與整理訪問報告時，確實有如此感覺。

北歐國家的社會福利一直都被國內媒體、書刊報導著，這次有機會在國科會的補助之下，也趁著在師大休假研究之假期進行訪問研究。遠赴挪威，主要是想多瞭解北歐文化，除了以挪威為主之外，也趁機到瑞典、芬蘭短期訪問。短短兩個月確實讓自己大開眼界，不同思維、不同的社會制度，在其中的生活確實如預期般帶來了衝擊，這一再的衝擊也給自己不少反思的機會。

我非常感謝這期間一直接納我這個異類的挪威友人，尤其是史丹萬格大學（University in Stavanger）的閱讀教育與研究中心的同仁，他們的包容、接納和協助，讓我可以直言、深入觀察，但限於語言的限制，很多資料我仍依賴英文，有限的挪威文解碼能力，難免有所限制。也許本書仍無法精確描繪出挪威的閱讀困難補救政策與實施，但此時我對北歐的政策已經比以前更邁進一步，藉由此瞭解也讓自己對解決問題的思維更多元。

最後謹將此行接受我訪問和協助我閱讀資料之挪威友人和單位詳列如後，除了留下行程紀錄之外，也表示我對他們誠摯的謝意。感謝他們像台灣人一樣熱情地接待我這個外國人，協助我在不會挪威語之狀況下，仍能順利完成我的學習旅程。

更幸運的是，回台即將完成報告之際，我能在台灣遇到方勵女士（Anna Malmstein），又名安娜，她是畢嘉士醫師在台灣的女兒。她任職於屏東基督教醫院，也延續畢醫師在台灣的工作，把原來小兒麻痺的服務轉型為服務腦性麻痺者。安娜曾在挪威獲得特殊教育碩士學位，其夫婿莫彼得（Petter Emil Malmstein）是挪威人，兩位對挪威的瞭解都遠在我之上，不僅可閱讀中文也熟悉特殊教育。他們夫婦倆同意義務幫我審查所有原稿，我的文稿經由兩位的審查和指正，讓我對出版這份自己的挪威觀察更有信心；另外，國科會提供的短期研究補助減少我此行的經濟負擔，讓本研究得以完成，均深表謝意。

致謝 Acknowledgement

日期 （Date）	受訪者 （Interviewee）	職稱 （Title）
May 12	Dr. Anne Elisabeth Puhle Dr. Ann Mari Kniversberg Anne Brit Andreassen	Assistant Professor, special education Full Professor, special education Assistant Professor, special education
May 18	Ellen Heber	Pedagogy advisor, secondary school
May 19	Ase Kathrine Gjestsen	Pedagogy advisor, primary school
May 20	Nylunde Skole Dr. Ragnar Gees Solheim	Model primary school for reading education in Stavanger
May 21	Kjersti Lundetra	Doctoral candidate, research assistant
June 4	Dr. Ragnar Gees Solheim	Director of center
June 4	Prof. Victor van Daal	Professor, Reading & PIRLS
June 22	Gand Videregaaende Skole	Model for special support in secondary school
June 27	Hanne Marit Bjorgaas	Department of Child Neurology Habilitation
June 28	Aassee Kari Wanger	Associate Director
June 30	Ellen Heber	Pedagogy advisor, Rogaland PPT center

第1章

研究背景

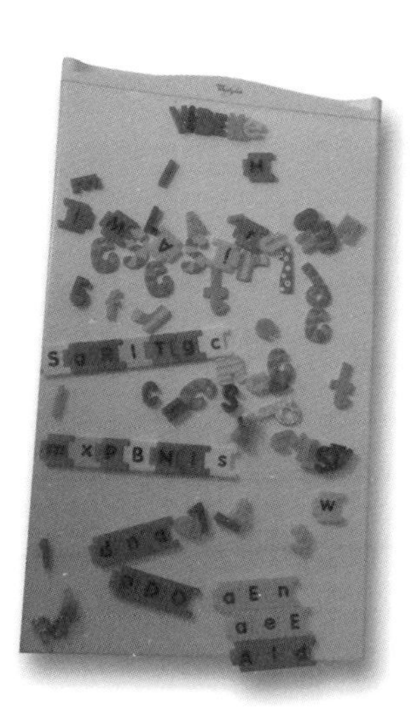

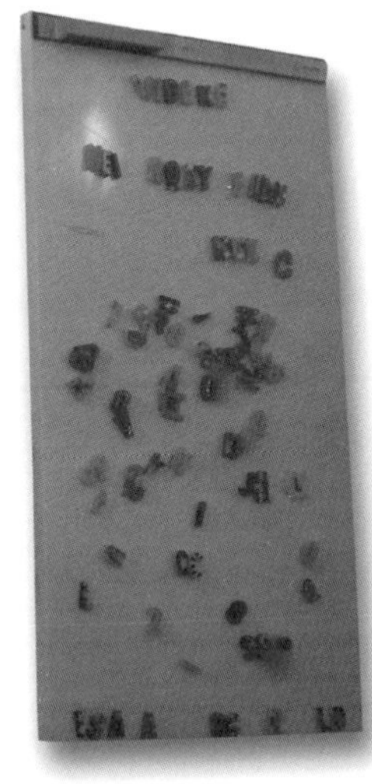

當我到挪威之前，遇到很多歐洲人或北歐人都會強調北歐是斯堪地那維亞（Scandinavia），並不被包括在歐洲內，其不被納為歐洲文化的一部分，北歐人稱歐洲為大陸（continental），而歐洲人稱北歐文化為 Scandinavial，二者似乎沒有附屬關係，雖然台灣的地理課教我們的是北歐是歐洲的一部分，就像東亞是亞洲的一部分。當我在挪威進行訪問時，我問的問題經常被回答：那不是斯堪地那維亞的思考，或不是維京人的思考，我超級尷尬的，可見我真的到了一個超出認知基模的地方。所以在瞭解他們的閱讀補救教學、閱讀補救教育的推動時，我必須先學習知道什麼是北歐文化。因此，在進入主題時，本章主要以文化、宗教、語言、教育等四方面來介紹其背景。

一、文化的衝擊

北歐文化最通俗或常被提到的是「洋特原則」（Janet law），亦即吳祥輝的《驚喜挪威》所提到的十大原則洋特法則，這被稱是北歐人的心靈密碼（吳祥輝，2009），以及在挪威到處都看得到的「維京法則」（Viking law），分列如表 1 所示。由表 1 可以看出北歐的共同價值，強調團體、不凸顯個人、團體領導需要照顧每一個體，大家都一樣即使是領導也沒有什麼特別，所以北歐文化也被稱為平等主義（Thygesen, 2010）。但過度強調平等主義很容易過度侵犯人民的自由權利，北歐文化的平等主義是建立在尊重個人自由與強調個人主義的，所以，他們的平等調和了平等主義的缺失。他們也是著名的社會主義國家，政府（團體的財富）大於個人，由政府重新分配財富，但異於我們所知共產黨的社會主義，北歐文化尊重個人自由且強調民主式的

表 1　洋特法則和維京法則代表北歐文化的通俗法則

洋特法則	維京法則
1. 不要認為你是特別的 2. 不要認為你的立場和我們一樣 3. 不要認為你比我們聰明 4. 不要自我幻想你比我們好 5. 不要認為你比我們懂得多 6. 不要認為你比我們重要 7. 不要認為你什麼都很行 8. 不要嘲笑我們 9. 不要認為誰會在乎你 10. 不要認為你能教我們什麼	1. 要勇敢、攻擊 ・直接 ・掌握所有機會 ・使用不同的方法攻擊 ・多才多藝、敏捷 ・一次就擊中目標 ・不要計劃每件事都著重細節 ・使用好品質的武器 2. 要預先準備 ・保持武器在好的狀況 ・保持在好的狀況 ・找到好的作戰伙伴 ・同意好的觀點 ・選擇一個好的領導 3. 成為一個好生意人 ・找到市場的需求 ・不要答應你無法做到的承諾 ・不要要求超額付費 ・準備事物以便可以回報 4. 維持團隊秩序 ・保持事情整齊和有組織 ・準備可以強化組織的有趣活動 ・確定每個人都做有用的事情 ・向團體所有成員詢問意見

領導，與權威的社會主義迥然不同，有人稱北歐是民主、富有的社會主義，而共產黨是獨裁、以勞工階級為主的社會主義。

所以，基於上述背景，我被回應不懂北歐文化的問題，在我厚著臉皮繼續追問的結果，獲得當地人的答案如下：

問：「你們做這麼多補救閱讀困難，對於閱讀能力優秀的學生，你們有哪些方案？」

答：「每個人都有不同優秀的地方，閱讀能力優秀的不需要特別的方案，在學校教育自然成長就可以了。」在我的觀察和訪問中，確實發現社區內很多各種社團：溜冰、音樂、舞蹈、各項體育……讓孩子參加，很多活動都是在社區內，學生下午一、兩點就放學了，不會有像台灣學生趕安親班、才藝班的問題。所以，他們認為很多方面優秀的學生都可以在現有社區資源發展，閱讀也不例外。

問：「你們對於PIRLS 2006的閱讀能力表現不會覺得不滿意嗎？如果覺得不滿意，你們有採取哪些改革的行動嗎？」

答：「政府是不滿意，但孩子的學習又不是僅有閱讀，還有很多方面的學習也很重要，不能因為一次測驗分數，就破壞孩子學習的目標和步驟。」「我們的成人閱讀能力表現還不錯啊，看學習不應該太在意小學四年級那個階段。」挪威的成人閱讀在2003年的成人語文與生活技能調查（Adult Literacy and Life Skills Survey，簡稱 ALL）（OECD, 2005a）確實拔得頭籌，遠超過加拿大、百慕達、瑞士、美國和墨西哥。有些老師確實表示他們面臨很多有閱讀困難問題的轉介學生，家長的觀念就是給孩子時間學習，自然慢慢就會了，讓他們感到困擾。

問：「你們對於班上的特殊學生提供大人擔任助理，是否也採用同儕助理？」

答：「團體中『每一個人都是平等的』很重要，採用同儕助理、義工或小老師會造成班上同學間有階層之分，好像誰比誰好，誰幫助誰，這是違反的法律。給予助理協助是特殊學生的權利，他可以在這樣的權利之下學習，不會造成他跟同學之間的比較。」這樣的回答我們可能會很訝異，因為普通班中多一個大人照顧的學生經常會被歧視或被認為擁有特權，可見不同文化對於權利和價值的觀念是非常不一樣的。

問：「你們對於教師罷工這麼久，影響孩子的教育，不會覺得生氣嗎？」

甚至一個月我訪問期間遇到挪威公教人員大罷工，罷工期間超過十天，各地區不一樣，所以看到大學的同事有人把小孩帶到研究室來，他們對我的問題居然回應：「雖然很麻煩，需要安排孩子的去處，但這也是教師的權利，我們應該尊重他有爭取自己工作待遇的權利，我們的孩子從小也應該從中學習這種權利和尊重別人。」這樣的答案大概是國內家長很難接受的，我們的家長可能會反問：「學習尊重權利有比學習課業重要嗎？」

上述當地人的回應確實反映出他們對團體的平等、個人權利的重視，也反映出維京法則中強調多元能力、快樂學習、不要拘泥單一方法、單一標準的文化。在一個習慣資本主義、菁英至上、追求標準答案的環境長大的我，即使我事先做了一些功課，但面臨上述的回應，我不得不謙虛地去瞭解我所要認識的挪威，在這樣的社會文化下他們所進行的閱讀補救教育可能跟我們背後的理念是不一樣的。

二、宗教

除了上述文化的影響，根據我所訪問的人都表示宗教對他們的影響也很大。約一千年前挪威國王歐拉夫・哈羅德森（Olav Haraldson）引進基督信仰，強迫挪威人民由多神改為信基督教，後因為丹麥王國的占領，以及後來瑞典國王也希望透過宗教改革建立社會秩序，於是北歐國家都以馬丁路德改革基督教之信義宗為國教。因為馬丁路德改革教義主張聖經才是最高權威，「信徒皆祭司」，所以強調人人都能閱讀聖經，透過聖經與神對話，不要依賴傳統的神父或教會祭司，因此，翻譯聖經讓聖經的語言可以平民化也是馬丁路德宗教改革的重點之一。信義宗成人禮的程序之一就是要閱讀聖經，因此，在北歐社會中，一個成人是否可以結婚、擔負家庭的責任，具有閱讀能力是相當重要的。因為宗教的關係，我在斯德哥德摩瓦薩沉船博物館裡看到所展示 17 世紀當時瑞典的社會文化，其中一段描述 17 世紀的瑞典成人有 90% 以上具有識字能力。受訪的挪威閱讀教育與研究中心主任 Ragnar Gees Solheim 博士也同意我所參觀見識到的高識字率之歷史，他表示當時北歐社會長久以來就很重視成人的識字，宗教是一個很重要的關鍵，因為在成人禮中，識字能力決定一個成人是否可以結婚，而且在北歐 17 世紀就有政府設立的學校（Stavanger, 2010），協助百姓學習閱讀。Solheim 主任曾開玩笑地說，當地挪威人經常開玩笑當時在挪威很多不能結婚的人可能會在 1800 年代末期移民到北美去，所以，他們懷疑北美挪威裔的人口裡可能有閱讀障礙基因的會比目前在挪威的人口比率要高，當然他這個推測一直沒有獲得證實。

宗教對他們的影響不僅是重視閱讀，也包括人人平等、知識解放，讓很多高深的知識更接近一般人，可以讓所有的人瞭解。在生活中發現很多圖示，如圖 1，他們把爬山的歷程、高度、各種的距離和地圖放在一個圖中讓人一目了然。圖 2 是德國利用圖示翻譯聖經條文的對照圖，可見馬丁路德教義的影響，再複雜的知識都可以利用各種方式解放，讓所有人可以接近它的真義。

三、語言

由於我此次研究的主題與閱讀有關，很多訪問都會牽涉到語言，挪威有兩種官方書面語言和四種口語。目前正式的書面語言 Riksmaal（Bokmaal）和 Landsmaal（Landmaal），前者布模（Bo-

圖 1　史丹萬格的講壇石山爬山高度和距離的圖示

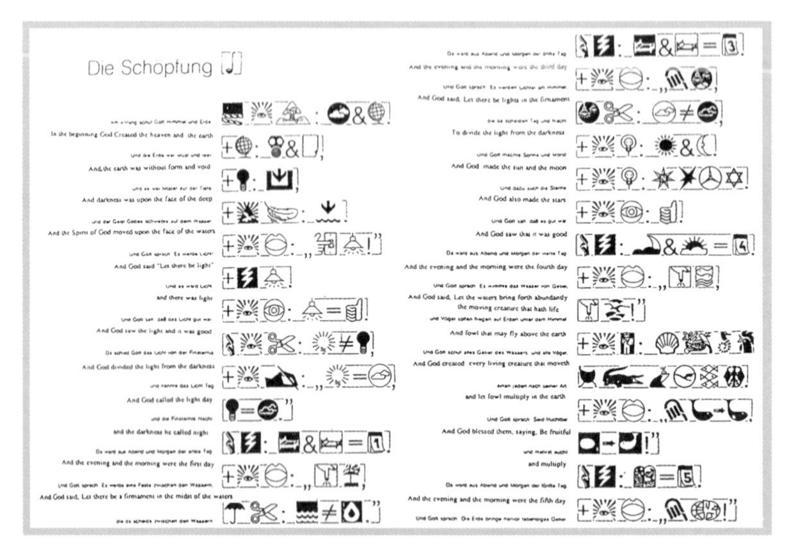

圖 2　德國圖示聖經對照圖

kmaal）比較接近丹麥語，也比較接近首都奧斯陸（Oslo）附近的傳統口語，是一般常用的書面語言；另外一種書面語是藍模（Landmaal），由挪威一位語言學家根據挪威各地的俗語和西部地區的口語所編製的，這個語言在 1929 年才正式完成，所以六十歲以上的挪威當地人大都比較熟悉布模。但有些挪威人堅持藍模才能真正反映挪威的語言，因為它跟挪威境內的口語比較接近，所以積極推動使用藍模，僅是書面語言的流通仍以布模為多數。基於承認兩種官方語言，一般挪威正式文件都需要印製這兩種語言，包括教科書或繪本，小學教育則以當地口語接近的語言或家長選擇的語言為主要教學語言，據閱讀教育與研究中心主任表示，選擇教布模的學校和班級最多，但沒有具體的數據比率。為了保障藍模的使用以及推廣藍模語言，一個學校如果有超過十個學生要學藍模，學校就可以另組一個班級教導藍模語言的讀寫能力。一般學生在義務教育階段只要先學一種書面語，直到進入高中，即所謂的 upper secondary school，才規定學另一種書面語的讀寫能力，因此，所有的高中生都需要精熟兩種書面語言的讀寫，其精熟程度需要達到閱讀文章和書寫一篇文章。據瞭解，所有學校的老師或公務人員也都需要具備這兩種語言的讀寫能力。

挪威北部還有少數民族稱之為塞米人（Sami people），他們是自治區，有自己的語言、法律、教育，挪威北部塞米人在學校必須學習布模和塞米語。本次研究之範圍以挪威主要社會之語言和閱讀教育為主，故並不包括塞米語及其文化。

挪威因為分別接受過丹麥、瑞典長期的統治，所以，其布模語雖然接近丹麥語，但也有不少詞彙接近瑞典文，如表 2 中的「醋」、「教育」，挪威文與丹麥文接近，也有些詞彙三種語言都跟英文接近，如「學校」、「書」、「教育」，各種語言的比較如表 2 所示。所以閱讀挪威文，若有英文、丹麥文的基礎，在解碼上會比較容易上手。

表 2　挪威、丹麥、瑞典和英文的比較

中文	挪威文	瑞典文	丹麥文	英文
學習	studie	studie	studie	study
學校	skole	skola	skole	school
閱讀	lese	lease	læse	read
書	bok	bok	bog	book
醋	eddik	vinager	eddike	vinegar
小孩	barn	barn	børn	child
教育	pedagogisk	utbildningsm-aterial	pædagoisk	educational

就在北歐四國的語言比較之下，根據訪問中心的荷蘭籍學者 Victor van Daal 博士表示，芬蘭語是形音規則性最高的，丹麥文是最不規則的，瑞典和挪威文介於中間，有些規則性但也有些不規則。所以，史丹萬格大學（University in Stavanger，簡稱 UIS）的閱讀教育與研究中心正和北歐國家合作，進行小學一、二、四年級學生的閱讀能力，比較語言規則性對於不同年級的閱讀能力之影響，此研究的基礎在 Ziegler 和 Goswami（2005）所提到語言的規則性是否為閱讀困難的因素之一，並提出相關理論探討。

四、教育制度

基於社會主義的制度，高稅率但也高福利，挪威所有的教育都是免費的，境內絕大多數的學校都是公立的，跟歐洲大陸或英國地區很多教會學校、補助學校等非公立學校很不一樣。其義務教育有十年：六歲到十六歲。圖 3 為挪威各階段的教育階段圖。

（一）義務教育

義務教育中包括小學七年和初中三年，由小一到七年級稱為基層學校（grunnskolen），即六到十二歲，其中第一年類似像幼稚園，沒有正式的讀寫課程，多數為活動性課程。但於 2007 年課程改革之後，小一已經開始有部分的讀寫課程，不過其學校教育重視活動和生活，比較接近杜威的功能實用主義。挪威的小學學習活動不重視形式和練習，多採用分站式教學（station instruction），老師依據學生能力分小組輪流給不同的活動，例如：玩撲克牌是小一數學的學習活動、練習電腦鍵盤打字是小二的拼字練習活動。其學校課堂雖然下午兩點就結束，但學校圖書館開放

<table>
<tr><th>就讀年</th><th></th><th>學術導向</th><th>職業導向</th></tr>
<tr><td>22</td><td rowspan="5">學士後
（研究所）</td><td rowspan="3">博士</td><td></td></tr>
<tr><td>21</td><td></td></tr>
<tr><td>20</td><td rowspan="6">職業取向的學位或資格四至六年</td></tr>
<tr><td>19</td><td rowspan="2">碩士</td></tr>
<tr><td>18</td></tr>
<tr><td>17</td><td rowspan="3">大學
（tertiary）</td><td rowspan="3">大學或學院（學士）</td></tr>
<tr><td>16</td></tr>
<tr><td>15</td></tr>
<tr><td>14</td><td rowspan="4">高中
（upper secondary）</td><td></td><td rowspan="2">職場實習兩年</td></tr>
<tr><td>13</td><td>準備大學課程一年</td></tr>
<tr><td>12</td><td rowspan="2">學業高中兩年</td><td rowspan="2">職業學校兩年</td></tr>
<tr><td>11</td></tr>
<tr><td>8 至 10</td><td rowspan="2">義務教育
（primary and lower secondary）</td><td colspan="2">初中</td></tr>
<tr><td>1 至 7</td><td colspan="2">小學</td></tr>
</table>

圖 3　挪威各階段教育圖

到四點，學校校園也開放著，中高年級的學生可以利用下午放學時間到圖書館借書、看書或做小組報告，同學們也可以在校園裡遊玩。根據我在史丹萬格大學的同事表示，她的孩子經常放學之後就留在學校裡跟同學玩，玩到吃飯時間（四、五點才回家），所以他們覺得在學校的學習應該不限於課堂的形式化活動。一般義務教育學校的校園（如圖 4、圖 5）都是沒有圍牆，很多設施開放給學生和社區使用。

在 2010 年 6 月初，挪威公教人員發生前所未有的大罷工，很多學校停課約十幾天，許多家長自己或聯合帶孩子旅遊或到上班

圖 4　史丹萬格市區內小學，沒有圍牆，開放式操場

圖 5　史丹萬格市區內小學，開放的校園一景

的地方，他們覺得這樣對學生也是學習。我因 6 月初等不到罷工結束，只好跟友人往北去旅遊，結果到處看到學生團體進行校外教學，可見他們對學習定義之廣，在尊重接受別人爭取福利的權利下，又可以不犧牲學生的學習。很多另類的學習活動紛紛上街頭，如圖 6、圖 7，有小組、團體的出遊，我們也看到一、兩個家長帶孩子到博物館或公園校外教學，真是充分落實「生活即教育」的精神。

對於小學低年級學生的課前或課後照顧，挪威政府自從 1991 年對於十歲以前的學童提供課前或課後照顧方案，由政府提供類似消費券方式，讓家長可以送孩子接受課前或課後照顧，超過者家長則自行付費，讓雙薪家長都可以放心的工作。所以，在罷工期間，六至九歲的學童也可以享用類似課後照顧的活動，而十歲以上學童因可以免大人監督自己行動，所以，有些家長就會讓孩子自行在家裡。我在史丹萬格大學閱讀教育與研究中心的同事，其十二歲小孩可以在家裡還兼擔任鄰居保母，協助照顧六歲學童賺外快。

小學之後進入所謂的青少年學校（ungdomsskolen），即為十三至十五歲，類似初中（lower secondary school）。從小學到初中之義務教育主要在培養學生可以口頭、書面表達在閱讀、數學和使用資訊的基本技能（Stavanger, 2010）。其主要課程如下：

- 基督教知識和宗教與道德教育（Christian knowledge and religious and ethical education）。
- 挪威文（Norwegian，布模或藍模選一種書面文）。
- 數學（mathematics）。
- 社會科（social studies）。

圖 6　6 月初學童到史丹萬格的鐵器時代村莊古蹟旅遊

圖 7　6 月 17 日奧斯陸市區孟克美術館外的學生參加行列

- 藝術和勞作（art and crafts）。
- 科學和環境（science and the environment）。
- 英文（English，從小學就必修）。
- 音樂（music）。
- 家庭經濟（home economics）。
- 體育（physical education）。

其他必修課程如第二外語、另一個書面語、補充語文課程，包括對於已經會的語言深入進階課程。對於聾生而言，挪威手語是第一個學習的語言，而補充語文課程則包括挪威文、英文的拼音手語或表演藝術（Stavanger, 2010）。

義務教育的權責屬於地方政府，地方政府除了在經費補助之外，各校辦學、行政管理各方面有相當大的自由去發揮，所以，據受訪的當地人或外國學者都表示，挪威學校的語文教學很難期待其一致性，各校方式非常不一樣，不過小學重視生活與課外活動卻是比較普遍的現象。

（二）高級中學階段

義務教育階段結束之後，學生經過全國或地區的考試進入高級中學階段（upper secondary school），十六到十九歲的教育是學生有權利進入，但沒有義務要接受這階段的教育，相較於前者是有權利也有義務之教育不一樣。學生可以依據考試成績選擇學校的方式各縣市不一致，有的可以自由選擇，有的限制在附近學區內選擇，此階段分學業性課程的高中和職業課程，類似台灣的高中和高職，所有學生都可以自由選擇。各地方政府在高中職教育的培育有相當大的自由，目前在史丹萬格所屬之羅格蘭（Rogaland）縣內之高中、高職學生約各半的比率。高中學習兩年，類似像英國的 A-Level 大學預修課程一年，共計三年，高職課程也是兩年，但需要到職場實習一到兩年，所以，高職教育需要四年，畢業後即可獲得執照就業。職業類科包括設計和美工、建築、電子、農漁業和森林、健康和照顧、大眾傳播、餐飲、科技和工業製造、交通運輸服務等類（Heber, n.d.）。

高職學生在高二之後也可以平行轉到高中，直接進入大學預修課程，只要學生再完成一年預修課程學習，就可以核准進入大學；如果不行，學生可繼續念高中課程二或三年都可以。高職學生可以透過平轉課程，在三年內完成高中課業進入大學，但高中學生不能在高二平轉到高職教育，必須降轉從高一讀起，因為高職的學術課程與一般高中同，而高中因缺乏職業的課程，所以不能平轉。根據受訪的資深中學教師表示，多數學生還是以念高中為優先，進入高職的學生通常都是在初中學業成績不佳，對於修讀學術課程沒有信心者，所以，很多學生進入高職後發現對於技術沒有興趣，念完兩年再轉回高中課程，就需要準備兩年才可能通過大學考試，也是一樣念四年。一般規定修業年限是三至五年，但如果有特殊需求學生，且經過社區的教育心理測驗服務（pedagogisk psychologisk Tjeneste，簡稱 PPT，亦即英文的教育心理或學校心理服務）診斷同意，學生可以延長修業年限。但如果特殊狀況提出申請被核准，二十三歲之前仍可以在高中職日間部課程就讀，受訪老師和諮詢顧問都認為超過二十歲就不合適，他們認為一個大人跟十幾歲的孩子在一起接受教育並不太合適，而建議走成人補習教育。

由於挪威的學校教育都是免費的，高中職階段並非義務教育，所以高中階段學生可以中途離開，或在高職的各類組間轉來轉去。因為挪威男子有一年服兵役的義務，滿十八歲即可申請服兵役，男生可以選擇在高中畢業之後、念大學階段期間或念完大學之後再去服兵役。據我所接觸的家庭，很多男生都是高中畢業當完兵再來接受大學教育。一位家長表示，高中畢業當兵的好處是年紀小還不知道自己要做什麼，去當兵可以接受團體訓練、學習適應社會，是自我探索的好機會，而且當完兵申請大學可以加分。多數學生進入大學都在二十歲以後，即使女生沒有義務，但挪威學生進入大學的年齡大約比台灣的晚了將近兩年。

所有的高職也有夜間學校，類似台灣的補校，給大人修習職業類科或學歷，另外也提供夜間的課業輔導。一般而言，夜間課程如果是學科輔導，學生需要付費，但收費不高，每學期約 500 至 1,000 挪威克朗（約合台幣 2,500 至 5,000 元），但如果是成人修讀高職畢業證書或單科技術之取得證照訓練，則不需要付費。可見他們在進修教育部分把職業訓練和高職教育結合。

（三）高等教育

如圖 3，挪威的高等教育也採雙軌：傳統大學或職業的高等教育（tertiary vocational education）。所有高等教育都是由中央政府補助，全挪威目前有 7 所大學、9 所特殊職業科技的大學、22 所屬於高等教育的學院、2 所藝術專業的學院，還有一些私立的高等教育學院。所有的公立大學或學院不需要學費，可能有少數專業訓練課程需要特別收費。大學校院之招收不需要考試，採申請制，以高中的成績和各項表現為依據，所以高中成績很重要，如果個人對高中成績不滿意，據說有私立的、夜間的類似補習班的課程，可以幫助學生增進課業成績。

而職業科技之高等教育又分正式和非正式的教育，多數非正式的職業訓練都由學校提供，但海洋科技則由地方政府所管轄之基金會管理，部分專門的職業訓練是私立的，但學費均可由政府補助。在 2003 年，挪威政府為了與歐洲國家的大學互相交流，根據歐洲的博洛格娜進程（Bologna process）將高等教育學位統一為 3 + 2 + 3，亦即大學學士三年，碩士二年，博士三年（The Norwegian Centre for International Cooperation in Higher Education, 2007）。挪威政府對於所謂的大學（university）規定需負進行基礎研究的責任，並提供碩士、博士在研究方面的訓練，可見其對學術性的大學的期待，以及重質不重量的高等教育。

挪威的師資培育教育早期被視為專門職業訓練，由專門學院負責，繼高中之後兩年的課程學位，後升格為大學學位。我所訪問的史丹萬格大學最早期就是師資培育的學院，後升格為三年制的大學，於 1995 年才與其他學院正式合併升格為大學，得以提供碩士、博士學位。

（四）成人教育

挪威的成人教育有分正式和非正式兩類，為了鼓勵成人終身學習，挪威政府提供給就業的成人，返回學校就讀正式學位時，可以申請類似獎學金的補助生活費，除了免學費，又有獎學金之外，還可申請類似台灣的低利就學貸款。接受我訪問的多位中心內的研究人員或約聘教師顧問，都是在擔任教師多年之後，回到大學修習教師資格或將教育學位提升到大學學位，進而取得碩士學位。他們表示，獎學金和就學貸款讓他們的生活經濟不至於因離開職場進修而受到嚴重的影響，可見挪威政府的終身教育政策採成人教育（tertiary education）和高等教育二者並重。

根據我訪問的中心博士班學生 Kjersti Lundetra，她的博士論文是分析挪威參加 ALL 2003 的資料，她把挪威的成人閱讀和生活技能的資料與美國的資料進行比較分析，發現十六至十九歲中輟學生比率雖然跟美國差不多，但三十歲以後的成人之能力表現比美國的成人好，主要差異在成人教育。挪威因為免學費和獎學金的制度，讓很多成人有機會回到高中或大學、學院繼續完成學位，獲得一技之長；而且她的研究也發現挪威成人的教育與他們的閱讀、生活技能相關之高，遠高於美國的成人，讓她再度肯定他們的成人教育和高等教育。由於她的研究尚在撰寫中，準備投稿在英文期刊，未來可以參考其正式發表。

五、結語

根據挪威的簡介，可以將挪威與台灣之異同比較如表 3 所示，並摘要如下。

（一）社會文化方面

在社會文化方面應該是兩地差異最大的，主要是社會主義和資本主義的思維，讓我們不習慣每一個人平等，台灣和挪威雖然都強調團體利益重於個人，但對於團體中的個人，台灣在團體中強調長幼、優劣，所以家長都要問名次，也都要自己的孩子當班長、幹部或拿獎狀，當然家長這些行為也反映出我們認為團體的每個人不一樣，一定有誰比誰好，跟挪威文化中的多元觀點、重視每個人的差異性和基本人權迴然不同。尤其在團體間的競爭，

表 3　挪威和台灣在教育和相關背景之比較

	挪威	台灣
社會文化	社會主義 維京文化 重視團體和團體內的平等 重視個人自由	資本主義 中華文化、海島殖民文化 重視團體，但強調階級 強調競爭、適者生存
宗教	基督教曾為國教，仍以基督教為多數，因民主尊重個人自由，成人禮改行堅信禮 強調利他、服務 有宗教相關課程	主要宗教為民間信仰，道教、佛教為多，基督教第四大 多神論主張，強調個人修身、輪迴 沒有宗教課程，但有生命教育和道德教育
語言	拼音文字 兩種書面語言、四種口語 英語是第二語言，小一開始學 初中開始第二外語	非拼音文字 一種書面語言 主要三種口語，但有多種方言 英語是外語，小三開始
教育制度	義務教育十年 高中職、大學升學均免考試、免學費 免費的成人教育，成人教育可與正式教育結合 有獎學金鼓勵成人回到學校取得學位或學歷	義務教育九年 高中職、大學升學要考試 高中職、大學等高等教育均需付學費，高等教育學費有使用者付費的趨勢 成人教育多為非正式教育 正式教育的成人教育需要付費
教育方式	重視非正式課程 強調生活與教育之結合	重視正式課程和教室學習活動 重視形式化的學習

台灣的社會對比賽、任何有名次的東西都會拚命爭取。我記得在今年（2010 年）6 月初的「2010 年歐洲之星」最後比賽結束後，因為去年挪威歌星是歐洲之星的冠軍，所以今年的冠軍賽在挪威

的奧斯陸舉行，結果冠軍是德國的女歌星莎特萊特（Lena Satellite），挪威代表沒有進入前三名。有一天我在午餐聊天時，問中心的年輕朋友對於這次比賽結果的看法，居然沒有人感到遺憾！有人表示德國歌手不錯，有人表示歐洲有那麼多國家，挪威能十五年得一次第一名應該不錯了[1]，甚至有人覺得花那麼多錢辦冠亞軍賽，十五年辦一次還可以，不要常辦會太浪費了。他們完全沒有氣憤或覺得未能為國爭光等愛國的思維和情緒[2]，也毫不考慮辦這場比賽可以吸引多少國外觀光客，對於國家外匯收入貢獻如何。在當場，我只能在心裡告誡自己，我真的不瞭解挪威文化，雖然這次沒有人提醒我「不懂維京文化」。

（二）宗教方面

挪威多數為基督教，基督教曾為其國教。台灣目前沒有信仰者最多的宗教，也沒有國教，但官方報告認為以民間信仰，信道教、佛教者最多，約占 67%，其次是一貫道（2.6%），信仰基督教為第四僅占 1.3%（維基百科，無日期 a，b，c）。由於基督教和佛道教之教義主張不同，兩個國家在行善和閱讀方面有很大差異。挪威人（或稱北歐人）對於協助別人保護人權、追求平等的利他工作不遺餘力。由於信仰的主張，北歐人跟很多基督教團體一樣，派人到海外幫助他人的工作相當平常，如國人熟悉的畢嘉士醫師和她的女兒就是一例（參見附錄 5、6）。北歐人在國內也收留很多難民、認養國外兒童、甚至政治庇護者，當年台灣的

---

1 上次類似比賽挪威得冠軍是在 1984 年，距離 2009 年已經十五年了。
2 挪威人是非常愛自己國家的，請參考吳祥輝《驚喜挪威》一書的第六章，和本書附錄 1 的「5 月 17 日國慶日」。

彭明敏先生就是在瑞典人的協助下才能順利離開台灣。類似的助人行為在台灣民間信仰的宗教團體少見，台灣著名助人的宗教團體慈濟也僅以緊急救難為主。此外，基督教的成人禮原在國教期間是每個人必經的過程，所以會閱讀聖經幾乎是基本成人條件，後來因民主尊重個人自由，改為成人之後行堅信禮（confirmation ceremony）。相對地，台灣的民間信仰不強調個人的閱讀能力，很多讀經的經文都是梵語或古文，即使讀誦經文或抄經文等活動也都跟所謂的基本識讀能力大不相同。

（三）語言方面

台灣的中文在全世界是少數非拼音文字，當然跟拼音文字的挪威文很不一樣。在語言教育方面較大的差別是，挪威境內的語言雖然很多，但在小學階段僅讓學生先學會一種本國的正式語言和英語，其他本國語言長大後再學。挪威英語教育是從小一開始，而且先從口語開始，雖然與台灣的小學英語教育政策類似，但國內很多小學英語仍強調讀寫，國內英語教育提早教學，國人的托福成績在亞洲各國排名卻反而退步，這之間的確值得推動英語教育者和政府的語言教育決策者省思。在挪威之英語教育真是成功，尤其在口語部分確實做到全民都會講，我在挪威期間連吳祥輝推薦的一句「Tusen takk」（謝謝）都很少用到（吳祥輝，2009）。我在日常生活都用英語，路人、商店店員、校園清潔人員、公車司機、農夫市場的菜攤老闆都可以用英語和我溝通。在此訪問期間，除了讀挪威文有困難之外，口語上使用英語幾乎沒有什麼障礙。有一次，我在卑爾根（Bergen）郊區問路，不小心問到一位聾人，連他都可以跟我用英語和手語溝通，我看他比手勢才知道他是聾人。基本上聾人的語文能力較差，所以預期他的外語可能較差一些，但他居然可以聽懂我的英語，用手語回答我，且正確地指導我的路途，讓我真是對挪威的英語教育敬佩萬分，這是我在非英語國家從未有的經驗。

（四）教育制度方面

挪威的教育制度和台灣最大的差別是在其終身免費教育，這跟挪威是社會主義國家以及國家財務很好有關。同樣的北歐國家，瑞典也是教育終身免費，但因近年來國家財政困難，已經考慮在高等教育實施收學費；而台灣的高等教育這幾年因為政府財政關係，已經由政府補助逐漸傾向於使用者付費的趨勢，再加上教育部對於高等教育政策搖擺不定與管理不當，基於長期文化根植的士大夫至上之階級觀念，導致即使付費的狀況，碩博士仍滿天飛，是否浪費社會資源值得深入探討。相對之下，維京人強調生活智慧，以及做生意和海洋的實用技能，挪威政府對於大學數量也有其標準，依據兩國的人口和大學校院的數量比來看，台灣平均每 14.4 人就有一所大學校院，而挪威每 21.8 人才有一所大學，不管是人民付費或政府付錢，這樣的比例可以看到兩國高等教育普及與可能功能之差異。此外，挪威政府除了免學費之外，對於成人教育的鼓勵措施也是目前國內所欠缺的。顯然國內教育政策仍停留在正規的學校教育，以及連續的學校教育，對於非正式、間斷式學習生涯似乎尚未見政策支持。

（五）教育方式方面

挪威的教育非常實用主義，多以自然環境與生活結合的方式設計。整個社會對於學童的教育不會把所有責任全放在學校，他們落實學校、家庭和社區三方分擔孩童教育。學校課程依隨著年級逐漸拉長學習時間，但因強調各校自主，所以教學方法、教材或班級經營的方式都由各校自行決定，例如：學校圖書館是否有專門老師、開放時間、是否排課、各校補救教學教師是否聘有專人、是否要專門的教育心理師等，都是由各校自己決定，如附錄2的分站式教學。低年級的分站可能是10分鐘為單位，但到了五至七年級，可能就是 40 到 50 分鐘為一單位，這就跟台灣的「節」的分法差不多了。他們很多作法都考慮不同年級的發展需求，例如：家庭對於孩子的規定。一位友人也表示，他們的孩子超過十二歲進到初中，就可以出遊到晚上八、九點；十六歲就可以十到十二點（挪威夏天的晚上十二點天還很亮）；十八歲以上就沒有限制了，因為十八歲表示是成人了，應該獨立了。

他們對孩子在十六歲以前，期待家庭和學校分工擔負照顧孩子的工作，所以很多單位都是在四點以後下班，我多位同事都表示四到七點是家庭時間，如果要工作，可能八點再回到研究室加班，很多商店也都會在六點以前關門，所以，大家都可以回家過家庭生活。一般家庭多數在五、六點用晚餐，大一點（十歲以上）的孩子用完晚餐就出去找朋友玩，很多都是在學校、社區附近的社團活動空間或同學家，小一點的孩子則由父母陪伴到八點準備上床，所以，我觀察很多家庭都是在這段時間用晚餐，而對大孩子與同儕在外面或家裡玩的狀況也都習以為常。

社區擔負部分教育功能，包括提供才藝、休閒等，社區有文化中心、音樂中心、美術館，除了提供展覽或辦活動之外，這些資源也都提供免費的訓練課程給學生參加。國慶日那天我在史丹萬格一個十萬多人的城市，至少看到十幾個音樂團體出來表演，舞蹈團體、球類或運動團體也不少。根據一位音樂老師表示，各縣市在各地設有音樂中心，可以讓家長為每一個孩子申請免費上樂器課程至少一年，每週一次，好讓低收入家庭也有機會發掘自己孩子的才能。如果表現優秀者，經任課教師推薦申請，可以繼續進階學習，否則就以一年為限。當然挪威是全歐洲自然環境、綠地最多的國家，所以，我也常看到全家到公園散步、騎腳踏車，或青少年一起到湖邊進行運動或接受教練的訓練，如圖 8、圖 9 所示。

圖 8　男孩在湖邊公園接受教練的體能訓練

圖 9　下午七點左右在學校遊樂場上的小朋友

第2章

挪威的閱讀表現和特殊教育

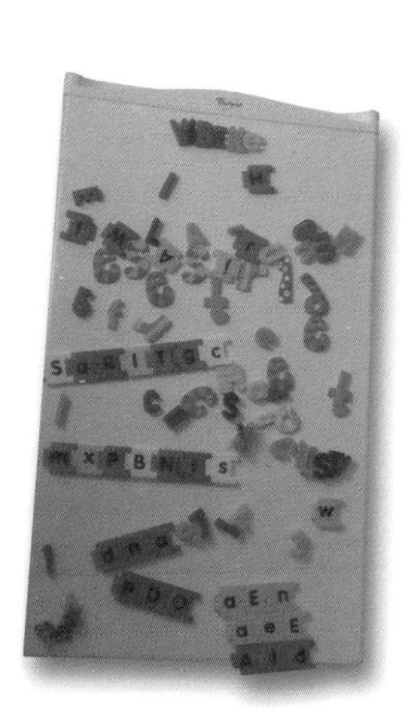

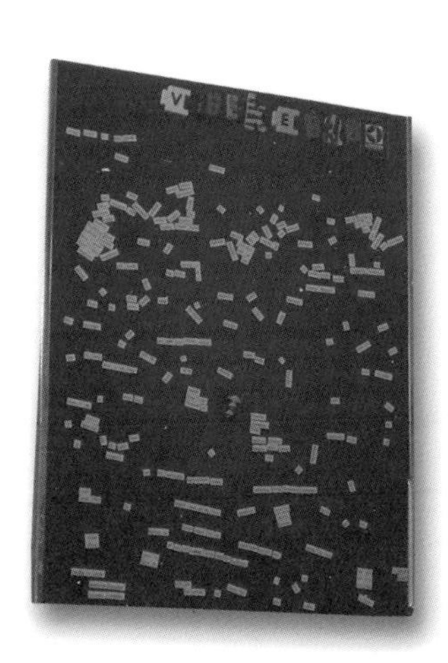

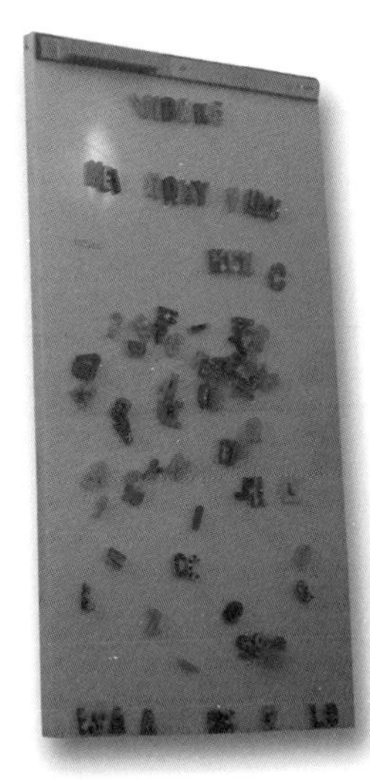

為幫助讀者瞭解挪威的閱讀障礙補救系統之相關背景資料，除了上述一般社會、教育相關資料之外，進一步再介紹挪威在相關國際評比的閱讀表現，以及其特殊教育的發展和特色，以作為瞭解閱讀障礙補救系統的背景基礎。

一、挪威的閱讀表現

根據最近國際有關閱讀的評比資料有 PIRLS 2006（Martin, Mullis, & Kennedy, 2007）、PISA 2006（OECD, 2007）。以下分別來看挪威在這兩個國際研究之表現。

（一）國際閱讀能力進展研究（PIRLS）

「PIRLS」是國際閱讀能力進展研究（Progress in International Reading Literacy Study）的簡稱，主要是由美國波士頓學院的 TIMMS 和 PIRLS 國際研究中心所主辦。該中心同時負責每四年一次的 TIMMS 和每五年一次的 PIRLS，第一屆的 PIRLS 2001 有 35 個國家或地區參加，挪威有參加，但我國沒有參加，其主要以九歲學童為主要調查對象，即是在正式教育的第四年，也是開始閱讀學習的階段。第二屆 PIRLS 2006 有 45 個國家和地區，包括台灣在內有 40 個國家參加，其中比利時以 2 個教育系統、加拿大以 5 個省參加，共計 45 個參加樣本。

PIRLS 認為閱讀是一個互動、建構的過程（Martin, Mullis, & Kennedy, 2007, p. 3），因此，PIRLS 的評量採真實的閱讀任務設計，選取日常生活中閱讀的材料，分別以四種閱讀歷程設計評量問題：直接提取；直接推論；詮釋、整合觀點和訊息；檢驗、評估內容、語言和文章元素。其假設「成熟的讀者在閱讀過程會自動提取和直接推論，而在『詮釋、整合觀點和訊息』和『檢驗、評估內容、語言和文章元素』則需要讀者提取既有的知識，建構自己對文章深層的理解」（柯華葳、詹益綾、張建妤、游婷雅，2008，頁15）。PIRLS 調查九歲（或小四）學童的閱讀能力，包括四種理解和兩類閱讀能力，其中提取或直接推論的理解，包括直接提取和直接推論，解釋理解包括解釋、整合觀點和訊息，以及檢驗、評估內容、語言和文章元素。除了調查學生的理解能力之外，也有一份問卷由學生填寫，調查學生對閱讀能力的自我評估與閱讀的態度、興趣和行為。其他另有四份問卷：一份給學生家長填寫，一份教師問卷由國語科教師填寫，一份學校問卷由校長填寫，一份課程問卷由各國家參與 PIRLS 的主持人填寫，綜合所有資料，探討各國學童的閱讀素養。

由2006年的PIRLS國際報告中，特別把北歐國家和台灣熟悉的美國、英國、香港和台灣整理如表 4 所示，包括閱讀能力表現、家庭狀況、教育和課程，以及學生對閱讀的態度和信心（自我概念）。由表 4 的結果發現，挪威在閱讀能力的表現遠比其他北歐國家或英美兩國差，也略低於全體 45 個樣本的平均數；就高閱讀能力（550 以上為高能力，625 以上為進階）之學生，挪威學童在最高兩個水準的人數比率為表 4 國家中最低的（24%），遠低於其他兩個北歐國家和全體平均之比率（48%）。但在家庭語文進行有助於語文能力之活動，挪威家庭提供高頻率語文活動的人數比率與其他北歐國家差不多，略低於平均數，但遠高於香港和台灣；家庭資源高（包括家中藏書量、兒童書數量、家長學歷）也是跟北歐國家不多，且優於香港和台灣，以及全體平均數。在學校方面，就其課程和語文、閱讀的每

表 4　挪威和其他國家在 PIRLS 2006 的表現摘要

	挪威	瑞典	丹麥	英國	美國	香港	台灣	全體
閱讀能力	498(2.6)	549(2.3)	539(2.6)	539(2.6)	540(3.5)	564(2.4)	535(2.0)	500
閱讀能力指標								
進階	2(0.3)	11(0.9)	11(0.8)	15(0.9)	12(1.2)	15(1.0)	7(0.7)	7
高	22(1.1)	53(1.5)	52(1.4)	48(1.3)	47(2.0)	62(1.6)	43(1.3)	41
小計	24%	64%	63%	63%	59%	77%	50%	48%
高家庭語文活動	49(1.2)	46(1.1)	52(1.1)	—	—	26(0.9)	31(0.8)	54(0.2)
高家庭資源	26(1.2)	22(1.4)	24(1.3)	—	—	9(0.9)	10(0.8)	11(0.1)
學前教育年數								
2～3 年內	15(1.0)	12(0.6)	14(0.8)	—	—	26(0.6)	29(0.8)	15(0.1)
3 年以上	62(1.9)	60(1.5)	78(1.2)			25(0.8)	66(0.8)	45(0.2)
小計	77%	72%	92%			51%	95%	60%
有國定課程	√	√	√	√	×	√	√	
有閱讀之獨立課程	×	√	×	×	√	×	×	
語文或閱讀課時數	20(0.4)	24(0.4)	22(0.3)	25(0.3)	30(0.3)	26(0.3)	24(0.4)	23(0.0)
閱讀時數								
3～6 小時內	30(3.9)	27(4.0)	31(3.7)	25(4.0)	22(3.0)	22(3.6)	8(2.6)	31(0.6)
6 小時以上	44(4.5)	18(3.1)	25(3.8)	8(2.3)	68(3.4)	5(2.0)	3(1.6)	25(0.5)
小計	74%	45%	56%	33%	90%	27%	11%	56%

表 4　挪威和其他國家在 PIRLS 2006 的表現摘要（續）

	挪威	瑞典	丹麥	英國	美國	香港	台灣	全體
閱讀態度								
高	47(1.3)	45(1.2)	39(1.3)	40(1.4)	40(1.3)	55(1.1)	52(1.1)	49(0.2)
中	45(1.2)	44(1.0)	49(1.1)	45(1.1)	46(1.1)	41(1.0)	44(1.0)	44(0.2)
小計	92%	99%	88%	85%	86%	96%	96%	93%
閱讀信心								
高	61(1.2)	62(0.9)	60(0.9)	42(1.1)	51(0.8)	48(0.9)	45(0.9)	49(0.2)
中	37(1.2)	37(0.9)	38(0.9)	51(1.1)	44(0.8)	50(0.9)	51(0.9)	48(0.2)
小計	98%	99%	98%	93%	95%	98%	96%	97%

資料來源：Mullis, I., Martin, M., Gonzalez, E. J., & Foy, P. (2007). *PIRLS 2006 International report*. Chestnut Hill, MA: Boston College.

註：括號內為標準差。—表示該國未提供該項資料。

週時數與其他國家差不多，挪威沒有獨立閱讀課程，但有 74%的學生每週有三小時以上的閱讀，比其他北歐國家、香港、台灣和全體都要高。至於學生對於閱讀的態度和信心，可以發現所選的幾個國家都差不多，中高正向態度和信心之人數比率都有 90%以上。

可見挪威的小四學童在 PIRLS 的表現，雖然閱讀能力表現不太好，但其資源和課程時數都不輸給其他北歐國家，也高於香港和台灣，且他們的學童對自己的閱讀表現仍是很正向，對閱讀活動之態度也正向，正如前文所提，挪威大人強調學習快樂、自然學習，所以表現不佳，也沒關係。

（二）國際學生能力評量計畫（PISA）

挪威在 PIRLS 的閱讀表現 2001 和 2006 年都差不多，其在 2001 年得分 499（標準差 2.9），兩次得分相當一致。名次的差異僅是參加的國家不一樣。進一步看更高年級的閱讀測量，國際學生能力評量計畫（Programme for International Student Assessment，簡稱 PISA），其對閱讀能力的定義是：能夠瞭解、使用和反思文章內容，從而達致個人目標、發展個人的知識與潛能以及社會的參與（OECD, 2006），PISA 的調查對象為十五歲或國二，比 PIRLS 的調查對象十歲大五歲，PISA 所調查的讀者其在閱讀學習的能力和參與社會的經驗較為成熟，且離開學校進入社會的需求較為迫切，所以其閱讀能力的測量多了「情境或脈絡」，閱讀的文本形式也顯得更多元，另外也包括自然和數學兩項能力。

挪威在 PISA 2006 的表現如其在 PIRLS 的表現一樣，都略低於平均數，其自然、數學閱讀三項還算平均（參見表 5），雖然

表 5　挪威、台灣在 PIRLS 和 PISA 兩項國際閱讀相關能力調查之結果

	挪威		台灣		全體		
	名次	平均數（SD）	名次	平均數（SD）	樣本	平均數	標準差
PIRLS 2001	25	499（2.9）	—	—	35	500	100
PIRLS 2006	36	498（2.98）	22	535（2.0）	45	500	100
PISA 2006 閱讀	25	484（3.2）	16	496（3.4）	57	500	100
PISA 2006 數學	29	490（2.6）	1	549（4.1）	57	500	100
PISA 2006 自然	33	487（3.1）	4	532（3.6）	57	500	100

資料來源：Mullis, Martin, Gonzalez, & Foy(2007)；Mullis, Martin, Gonzalez, & Kennedy (2001).

註：PISA 2009 挪威得分已為 503（排名 12），台灣得分 495（排名 23）（OECD, 2009）。

台灣學生閱讀得分稍微好一些（496），挪威的學童不像台灣的國中生閱讀和自然、數學兩科差距很大，台灣的 PISA 也與國小四年的得分差距較大。儘管 PIRLS 和 PISA 兩項閱讀測驗的內容、目標不太一樣，參加的國家樣本也不太一樣，但就兩項測驗的標準分數來看，挪威的學童在四年級和八年級之得分在國際間相對位置差不多，可見其學童之閱讀能力相當穩定；但台灣的學生卻隨著年級增加，得分與在國際間的相對位置也明顯下降。

（三）成人語文與生活技能調查（ALL 2003）

成人語文與生活技能調查（Adult Literacy and Life Skills Survey，簡稱 ALL）基本目標是在瞭解成人技巧的成長與失落，其主要透過散文和文件的閱讀測量閱讀能力，另外考慮成人生活所需能力，另增加數學（numeracy）和問題解決能力（OECD, 2005a）。所謂散文識讀（prose literacy）主要在「測量瞭解和運用文章的資訊之知識和能力，包括編輯、新故事、說明書和使用說明」（OECD, 2005a, p. 16）。所謂文件識讀（document literacy）包括「尋找和使用不同形式的資料之知識和能力，包括形成、地圖、表格或圖示」（OECD, 2005a, p. 16）。所謂數學（numeracy）指「在各種需要數學的情境有效使用數學」（OECD, 2005a, p. 16）。所謂問題解決指「包括目標導向的思考和沒有固定解決方法的行動。……其主要在瞭解問題的情境和根據計畫、推理和解決問題的步驟之逐步的改變」（OECD, 2005a, p. 16）。ALL 2003 以十六至六十五歲成人為主要對象，主要跟 PISA 比較，可探討其國民之閱讀能力的成長或流失。經過 1994 至 1998 年三次資料蒐集，第一次在 2003 年正式調查，有七個國家參與：百慕達、加拿大、義大利、挪威、瑞士、美國和墨西哥的新萊昂州（Nuevo Leon），但因報告沒有墨西哥，僅就六個國家比較。由於報告沒有提供數據資料，僅有圖示，為避免誤差，僅就各國名次說明，此次調查各國排名如表 6 所示。挪威的成人在四項能力都是數一數二的，其中僅有數學列為第二名，其他都是第一名，其在散文識讀與百慕達沒有顯著差異，並列第一。就 OECD 對於成人語文與生活技能調查（ALL）之假設，此結果參

表 6　ALL 四項調查之各國排名

散文識讀	文件識讀	數學	生活技巧
挪威	挪威	瑞士	挪威
百慕達	加拿大	挪威	瑞士
加拿大	百慕達	加拿大	加拿大
瑞士	瑞士	百慕達	百慕達
美國	美國	美國	義大利
義大利	義大利	義大利	註：美國未參加

考 PISA 結果（OECD, 2001, 2007），可推論挪威的成人識讀能力隨年級成長（如表 7 所示）。因為其在 PISA 2000 的閱讀能力僅有參與國家的平均數水準，低於加拿大，和美國一樣，結果在成人部分，挪威遠超過北美兩個國家，而義大利的閱讀分數位置都一樣。在表 7 中，挪威在 PISA 2006 的表現略有下降，但就 PISA 2000 和 ALL 2003 而言，挪威的閱讀、數學能力均未隨年級下降，但因為 ALL 參加樣本數遠低於 PISA，所以，是否成長很多，僅有名次不易判斷，但至少可以肯定的是其閱讀和數學能力均未如北美國家明顯下降。

表 7　參加 ALL 2003 國家在 PISA 之表現

	PISA 2000		PISA 2006	
	閱讀	數學	閱讀	數學
挪威	505（2.8）	529（4.4）	499（3.1）	490（2.6）
瑞士	494（4.2）	529（4.4）	527（2.4）	530（3.2）
加拿大	534（1.6）	533（1.4）	527（2.4）	527（2.0）
美國	504（7.0）	493（2.9）	—	—
義大利	487（2.9）	457（2.9）	469（2.4）	462（2.3）

（四）小結

由上述三項不同階段的各國學童閱讀能力調查，發現挪威在成人的表現遠優於其學童階段，不論是小四或八年級，挪威的閱讀能力均低於該次參與國的平均數，但在成人識讀、數學和問題解決都拔得頭籌，超過其他國家，表現相當優秀。難怪受訪的當地挪威學者都表示，不用太在意一時的調查結果，他們都認為學習是終身的，應該期待持續性表現與成長，這點可能是值得國內對於國際性評量結果的態度和詮釋資料時參考的。

二、挪威的特殊教育

挪威的特殊教育與很多國家一樣，僅包括有困難的一群並不包括資賦優異，其對需要特殊教育的學生稱之為特殊教育需求（special education needs，簡稱 SEN），界定特殊教育的範圍與一般北歐國家類似，都是採大範圍的定義。所謂特殊教育需求包括障礙（disabilities）、困難（difficulties）和弱勢（disadvantage），亦即是 3D（disabilities, difficulties & disadvantage）的定義（OECD, 2005b）。

挪威的特殊教育在英文的文獻不多，本報告主要參考 Thygesen 兩篇文章和奧斯陸大學的一篇報告（Anonymous, n.d.）、其他北歐國家的文獻以及訪問和參觀的資料。

挪威對特殊教育的定義為：「具體在學校或幼稚園提供的教育，包括不同的教學策略、不同的方法、教材組織的方式不同、教室的經營和組織方式不同……等」（Anonymous, n.d., p. 2）。她和很多國家一樣，於 1800 年代開始設立特殊學校，從 1825 年第一所為聾生成立的特殊學校之後，隨後在 1874 年間成立不同類型的特殊學校。如表 8 所示，對象包括聾生、社會適應不良、

表 8　挪威在 1800 年代各類特殊學校之創立

年代	成立之特殊學校
1825	第一所聾校
1841	第一所專收社會適應不良（青少年犯罪）學生之特殊學校
1848	第二所聾校
1858	第一所專收心理、社會適應問題學生的特殊學校
1861	第一所盲校
1871	第一所收發展障礙者的特殊學校

心理問題、盲生和發展障礙（包括心智功能之障礙）等類的學生，從其特殊教育的發展，奧斯陸大學的報告將挪威之特殊教育區分為六個階段：奠基（foundation）、意識（consciousness）、解釋與澄清（explanation and clarification）、立法（legislation）、落實（realization）、改革（reform），其年代和目標如圖 10 所示。

（一）奠基期

雖然挪威在 1800 年代初期就開始設立特殊學校（如表 8 所示），但她在 1880 年才開始為各種特殊學生設置辦法，並給予不同類別的需求命名。一直到 1889 年才正式立法保障每一個學生接受教育的權利，其中包括聾生、盲生、智能障礙等類的學生

1880	1951	1961	1971	1981	1991
奠基	意識	解釋與澄清	立法	落實	改革

圖 10　挪威特殊教育從 1800 年代後期到 1990 年代的發展六階段

被定義為異常兒童（abnormal children），1915年為特殊學校的設立另訂立相關辦法，這階段被認為是為挪威之特殊教育服務奠定法令的基礎。

（二）意識期

挪威於 1900 年代前期開始意識到特殊學生可以進入普通教育環境接受教育，也就是特殊學生的融合需求，開始於 1951 年重新修訂《特殊教育法》，1955年也為普通學校內設立的特殊教育班級訂定辦法，普通學校開始設立所謂的輔助班（auxiliary-classes），算是融合教育的先驅。隨後 1959 年也在《學校教育法》明訂提供所謂的教育，是對學生的學習困難提供診斷、補救與諮詢的服務。1950 年代的挪威政府開始意識到特殊學生融合教育的需求，以及在普通教育環境診斷、補救的專業服務。

（三）解釋與澄清

1960年代挪威特殊教育的發展被稱為解釋與澄清期。這個時期挪威對於融合教育的看法是個別化和正式的而非補充的作法，一直到 1969 年才在新修訂的法令對融合教育提出三個定義，並對特殊教育提出三項實施的規定：(1)特殊教育提供給學生應該是學生需要這些服務，而不是因為學生無法跟上教學（即預防而非等待失敗的概念）；(2)《特殊學校法》有關於特殊教育的一些原則應該也適用於普通教育法令（是將特殊教育服務延伸到普通學校）；(3)地方政府有義務建立地方的教育心理測驗服務（pedagogisk psychologisk Tjeneste，簡稱 PPT，直譯英文為 educational psychological test 或 Thygesen 的文章所稱的 educational psychology service，簡稱 EPS），從此擴大對 PPT 服務的規定。由上述特殊教育的定義條件，可以發現挪威政府逐漸將在普通學校實施特殊教育的精神和方法解釋得更清楚。在此階段，挪威學者 Thygesen（2007）也認為 1967 年的白皮書把挪威對障礙的概念由生理醫學的、絕對的概念轉變到生態環境的概念，開始將學生的困難由個人轉到生態環境，強調地方政府、學校應致力提供特殊教育需求學生應有的診斷與服務，以免於他們的困難和失敗，亦即是無障礙環境。

（四）立法

1970年代被認為是特殊學生由隔離教育進入普通教育之重要關鍵階段。1971 年所修訂的教育法令，對於特殊教育的課程概念提出革新的改變，對於特殊學生的課程包含幾個重要的概念：(1)平等不是相等（equality not equal）；(2)合作和參與（cooperation and participation）；(3)沒有界線但需要協調（no borderlines but coordination）；(4)開放性的課程（open pedagogic）；(5)讓所有教育高品質就是落實特殊教育（all education of high quality is special education）。透過這些概念，特殊學生的融合教育實施，尤其是在課程和教育實施內容，獲得法令上更精緻的引導。

（五）落實

1980年代教育部公布的兩份白皮書讓挪威的融合教育更為徹底。1980 至 1981 年的白皮書中討論特殊學校的角色，該白皮書明訂地方政府對特殊教育的義務，以及檢討融合教育是否發展得夠遠夠快。另一份 1984 至 1985 年有關特殊教育需求的白皮書提出幾點工作重點：如何讓特殊教育（special needs education）更高品質，以及對特殊需求學生的專業評估、統合，該白皮書並且把特殊學校轉型為資源中心做明白的說明。隨後挪威的特殊學校就由提供直接服務的單位轉變為間接服務的資源中心，也使得隔離式特殊教育逐漸退出挪威的特殊教育服務，第三章所介紹的國立閱讀資源中心之設立也源自於此。

（六）改革

1990 年代被稱為改革階段，因為在 1980 年代的白皮書內所提到的很多項目一直到 1991 年才開始執行。重要的項目包括去掉大型機構、特殊教育列為地方政府教育服務的一部分（亦即融入社區）、保障障礙者有個別化復健計畫（Individualized Rehabilitation Plan）的權利，另外也保障工作權利，以及高等教育最多五年的權利（傳統的挪威高等教育僅有三年）、居住在機構以外的權利。1990 年代的改革除了在學校教育之外，更對於社區生活所需要的項目，包括復健、社區參與（就業、居住、升學）等，都開始落實融合的政策。

經過一百多年的發展，挪威中央政府與地方政府在特殊教育的分工如下：義務教育和高中教育由地方政府提供，中央政府負責提供各地方政府的特殊教育之資源服務和高等教育，在 1992 年，挪威教育部的國立特殊需求支援資源中心（State Resource Center for Special Needs Support）設立，挪威南方多所特殊學校轉型為資源中心，但北區因為沒有特殊學校，則有當地的教育心理測驗服務（PPT）轉型為資源中心（Formo, n.d.）。目前全挪威的中央政府設立的資源中心共有 14 個，各中心的專業領域各為視覺障礙、聽障、盲聾、語言、讀寫困難的中心（其中包括筆者這次訪問的閱讀中心）、複雜的學習困難、社會及情緒困難、唇顎裂、喉切者（laryngectomy）、多重與重度障礙的中心、少數語言和學習困難中心、零至五歲早期介入的中心、障礙者科技輔具、後天腦傷等，上述中心的設立不僅依據障礙類別設立，也考慮跨類別特殊功能的資源中心，如早期介入、科技輔具和跨單位的教育設施（National Support of Special Needs, n.d.）。後來又因應新的問題專為腦神經功能失調的注意力缺陷過動症、妥瑞氏症、猝睡症，和自閉症、強迫症成立資源中心（Thygesen, 2007）。

挪威支援系統包括不同層級的資源中心，其分地方（regional）和中央（state），上述多為中央的資源中心，中央政府所資助的資源中心主要目的有三：(1)提供特殊學生服務；(2)對於某一領域的特殊需求研發新的知識；(3)傳播新知識和知能給學校和老師。其服務項目可以依據個人和系統兩個部分說明，針對特殊學生個人部分，資源中心提供補充額外的評估，與地方學校合作擬訂和執行個別化的教育計畫，協助增進學生周圍的服務網相關人員的知能。在系統部分，資源中心協助學校發展所需的組織或結構、辦理研討會，或主動針對某些學生或特定問題合作開發新的方案，這些資源中心的研發方案都需配合學校現場的需求，應該是相當實務的（Formo, n.d.）。而地區的資源中心除了協助評估學生之外，也負責建立地區內的組織具有因應需求的能力以及維持其功能，因此他們要參與地區內各種方案的擬訂與執行，也需要建立地區性的專業支援網絡（Thygesen, 2010）。

由此可知，挪威在 1990 年代之後透過各級的資源中心系統和地方政府、學校建構一個促進融合教育成功的合作網路。其閱讀障礙的補救系統也在類似的架構下由中央資源中心、地方中心和學校共同合作建構起來。

第3章

閱讀障礙與其補救

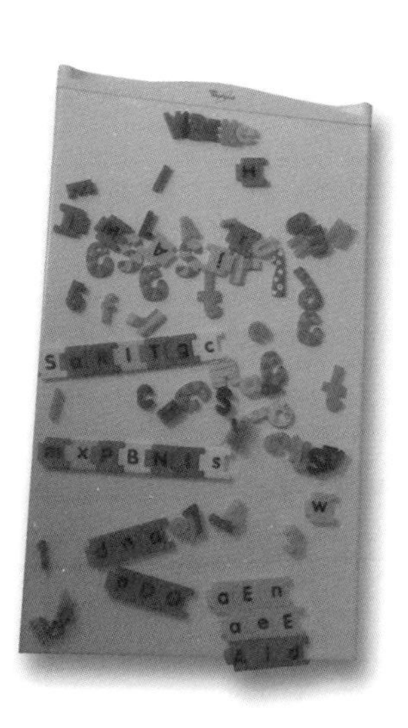

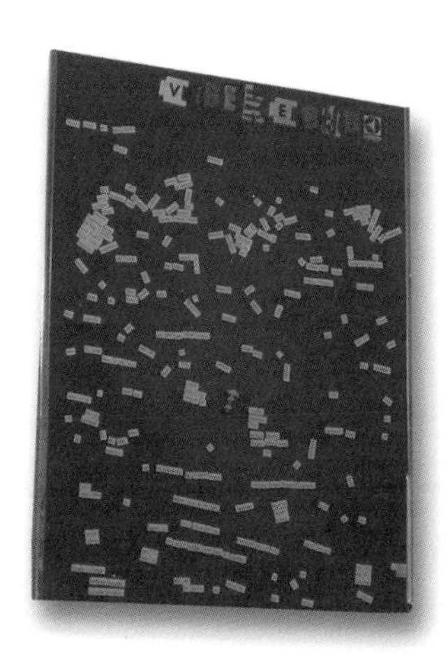

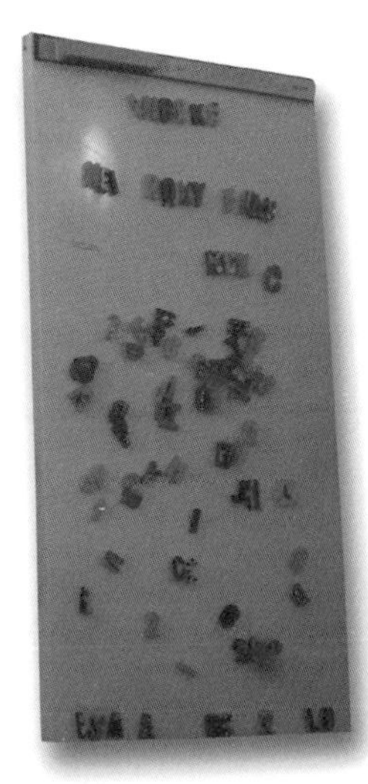

本章先由挪威的學習障礙之概念談起，進一步討論閱讀障礙的篩選與補救，再討論閱讀障礙的診斷，最後介紹閱讀障礙的資源中心系統，由此四部分介紹挪威的閱讀障礙之補救。

一、學習障礙與閱讀障礙

前一章所介紹的挪威特殊教育，可知挪威所謂的特殊需求不僅包括障礙，還包括困難或環境不利的弱勢，也是歐盟國家通稱的 3D 的特殊需求（OECD, 2005b），亦即是挪威學者 Ragnar Thygesen 所提到的，挪威所謂的學習障礙不僅考慮生理的因素，也包括環境因素所致的困難（Thygesen, 2010）。挪威目前的學障定義也是經過演進而來，早期（1960 年代）挪威對於學障定義也僅限於生理因素（即 disabilities），後來挪威開始採個人與生態的角度思考，對於障礙的定義考慮個人相對於環境的狀況，所以把障礙由「絕對」調整到「相對」的概念，甚至也包括是情境的（Thygesen, 2010）。所以其所謂的學習困難就有輕微的學習困難、複雜的學習困難，其中複雜的學習困難較接近於傳統的學習障礙之概念。所謂的複雜的學習困難定義如下：

1. 因主要功能障礙而需要調整之訓練的學習困難（learning difficulties who are in need of adapted training because of major functional disabilities）。
2. 特別廣泛性的學習困難（particularly extensive learning difficulties）。
3. 合併其他困難，例如：學習困難和行為問題（combined difficulties, for instance learning difficulties and behavior prob-

lems）。

4. 發展或其他理由所致之學習能力和其在學科或社會的學習成果表現不一致（developed, for different reasons, a considerable incongruity between their learning abilities and the acquisition of social and subject skills）（Thygesen, 2007, p. 188）。

由上述定義可發現，即使是複雜的學習困難也並未限於生理因素所致（定義 1 和 3），其學習困難的概念類似英國的學習困難，包括學習障礙和其他致因的學習困難，如廣泛性的學習困難，如輕、中度智能障礙（洪儷瑜，2001）。另由資源中心的分類也可以看到其中的分類，挪威在學習困難中特別獨立設置讀寫困難資源中心，也就是說，由挪威設置資源中心的角度，複雜的學習困難與讀寫困難所需要的專業資源是不太一樣的。但就特殊教育的實施面來看，因其特殊教育採完全融合，所以學習障礙學生大多在普通班接受資源服務，類似台灣的普通班，但有部分區域也提供普通學校的特殊班，所以，挪威的學習障礙學生都安置在普通學校接受不同程度的特殊教育服務，而多數的特殊教育人員或服務團隊也都設立在學校內（Thygesen, 2010）。

二、讀寫困難的篩選與補救

本研究僅以讀寫困難為焦點，因此僅探討挪威對讀寫困難學生的補救，如附錄 2 所提，挪威在國小的普通班採用分站式教學或教室內的小組教學，所以在班級內做不同能力的分組教學是可行的。例如：我所參觀的學校，因為沒有所謂的課本，語文課採用的教材就是市售的繪本，學校內的資源教師參考閱讀教育與研究中心（Reading Education and Research Center）所提供的出版書分級資料，把圖書館所收藏的圖書作分級，並給教師參考。教師參考資源教師或圖書室所提供的分級圖書，安排不同組閱讀不同的圖書，所以一個班級內的學生可能分成三到四個等級的閱讀程度，因此在普通班每個學生都能依據自己的程度讀適合自己的圖書，班級內的語文或閱讀並沒有統一的教科書。

根據閱讀教育與研究中心主任 Ragnar Gees Solheim 博士所述（Solheim, 2010），挪威的教育是政府與學校分工負責的，中央政府擬訂課程綱要，只制定能力目標，不管方法和教材，國立的資源中心僅提供學校和各級政府所需的資源，教材和方法則由學校或教師自行決定，可能有些地方政府會對於教材或方法提出具體規範，但多數仍讓學校自主。學校很多科目並沒有所謂的教科書，不管統一版或審定版，尤其語文課都以坊間市售的圖書為教材，地方或中央政府僅會依據綱要或需求定期評估學校教育是否讓學生達到應及的能力目標。可見其教育目的確實是以能力指標為主，而不在要求學生對於某特定之教材的精熟程度。

其課程綱要的制定也考慮到特殊需求學生的特殊需要，在普通教育的各類學生與一般學生採用相同的課程綱要，但對於特殊學校使用手語的聽障學生，其閱讀能力的課程綱要則不一樣。招收使用手語的聽障生之特殊學校也是挪威政府仍保留的少數特殊學校之一類，其課程中除了規定書面語文之外，也將手語納入課程目標，其明訂小三以前要達到的自然手語理解和表達讀本理解的能力，中年級開始學習拼音手語的閱讀和表達，中學開始學習英語手語與英語閱讀。雖然挪威一般學童從小一就開始學習英語，但他們對於手語使用者的語文能力指標則有考慮其特殊需求，另設計一套適性的課程綱要（Solheim, 2010）。據我詢問國內聽障學者、專家，國內聽障教育之課程綱要並未明文指出手語的學習目標。

挪威各地區政府提供學校經費補助，鼓勵學校為閱讀有困難的學生或任何適應困難的學生採取補救措施，各區經費補助的金額或補助的標準各有差異。不過根據閱讀教育與研究中心主任 Solheim 博士所述，關心閱讀困難和積極補救閱讀困難是挪威傳統文化中視為理所當然的，沒有學校會質疑這個工作的價值，校間的差異可能在學校進行得用不用心、所採用的方案正不正確、執行的效能好不好而已，絕對難見校際之間有動機的差異。學校內所採用的補救方案，根據閱讀教育與研究中心的教授或資深教育心理顧問表示，一般學校採用的補救方案包括由老師進行補救教學、調整作業或學習的方式、另聘專人提供治療性的課程。當我繼續問他們常用的補救閱讀困難的方法有哪些，所得到的最一致的回答是聲韻覺識的教學方法，其他比較分歧的包括電腦輔助學習、閱讀策略、諮商或其他類似直接教學或結構教學的策略，僅是受訪的教育心理顧問在各種策略的名詞使用上可能不一致，可見這些方法在挪威仍未普及或統一。

學校的特殊教育服務的人員組織方面也是各校彈性自主，學校可以聘用專門的特教教師或由原來教師兼任均可，不過多數學校都在校內設有專門的特殊教育服務團隊（special education team）（Thygesen, 2010）。學校除了可以跟地方政府申請經費補助辦理各種特殊教育服務方案之外，也可以把學生轉給地區的中心，亦即所謂的教育心理測驗服務（PPT）。挪威的 PPT 中心於

1959 年的法令已明文規定要設立（參考第二章的特殊教育發展）（Anonymous, n.d.），在 1960 年代之後逐漸落實。

根據 Anthun 和 Manger（2007），挪威在 1951 年首次為教育心理測驗服務（PPT）立法，當時主要是為一般學習障礙的特殊學校所需，後來也將這項服務擴展到社區的普通學校。Thygesen 的文章所說 PPT 的服務，主要在確保學生的特殊需求獲得專業的評估和服務。所以全國在地方、中央層級的 PPT 約有 300 個，約有 45% 的人力是教育心理師（Anthun & Manger, 2007），PPT 也聘有特教教師、社會工作人員和幼教教師（Thygesen, 2010）。每個 PPT 收到學校的轉介時，會到學校或請學生到中心進行評估（註：到中心接受評估的交通費是由政府負責），參與評估的專業人力多寡依據學生需求不一，有的以教育心理師為主，有的以特教教師為主，有的以社工或教育心理師為主，根據我參觀的羅格蘭縣的 PPT 中心，他們的特教教師還區分中學、小學等不同教育階段（Heber, personal communication, 2010）。PPT 也會參與學校擬訂學生的個別化教育計畫，提供教師、家長諮詢或諮商，也協助學校連結所需的校外資源，必要時也提供學生額外的個別指導或心理諮商，或是與學校的特教團隊設計學生需要的補救教學。

過去挪威學校對於閱讀困難都依賴教師轉介，所以受訪的教育心理顧問們多數表示，很多地區的學校由於對學生困難包容力不足或不敏感，導致很多閱讀困難學生常在年紀很大、問題很嚴重才被轉介過來，所需要的介入需求很高且不易見到成效，讓他們覺得很挫折。幸好，挪威教育部因應學童在兩次 PIRLS 表現不佳，委託國立的資源中心——閱讀教育與研究中心提出定期進行讀寫能力評估的方案，所以該中心自從 2008 年開始，將教育部補助所編製的閱讀篩選測驗，定期對全國小一、小二、小三、小六和十一年級（高二）進行閱讀篩選測驗，並且把各校低於 20% 的學生名單給各校、各級政府參考，讓各級政府與學校針對這些學生實施補救教學或補救的方案（Lesesenter, 2009; Solheim, 2010）。其對閱讀困難學生已由依賴教師轉介轉到定期篩選，筆者曾經與國內其他學者合作在國內進行轉介和篩選兩個管道發現閱讀困難之效能的研究（洪儷瑜等人，2009），如果真的要篩檢出所有閱讀困難學生進行及早介入，應該以測驗篩檢為主。

除了閱讀篩選測驗的編製與實施之外，閱讀教育與研究中心也獲得教育部補助編製閱讀成就測驗，2008 年開始編製五和八年級學生的閱讀能力評估測驗，期待評估學校的閱讀能力教學成效。由此看來，挪威政府在幾次參與國際評比活動後，也逐漸修改他們對於教育的作法，過度自由、順其自然的政策也需要證據的支持。根據閱讀教育與研究中心主任 Solheim 博士表示，從 2009、2010 兩年挪威開始全面實施閱讀困難篩選測驗，所篩選的閱讀困難學生之名單，可以讓學校和政府有所依據去編列預算和擬訂補救方案，以期及早介入。有些學校的補救方案都在普通班級內實施，因為挪威國小多採分站教學，方便在班級內進行分級教學，學校會對普通班教師提供較多教學資源或補救教學的專業諮詢或培訓。學校不一定都會把這些學生抽出來進行額外補救，但有些學校也會把這些學生名單再參考教師的觀察，決定轉介給校內特教教師評估，或轉介到地區的教育心理服務中心去進一步診斷（Solheim, 2010）。

當問及閱讀篩選和閱讀成就測驗的差別與理由，主任 Solheim 博士表示兩種測驗的功能不一樣，所以編製測驗的編題、選題就不一樣，在資料的分析和使用上也不同。閱讀篩選測驗的目的是為了瞭解哪些學生需要補救，因此，實施定期篩選的年級都考慮在各教育階段的前面以便於補救，僅有六年級例外，可能是考慮六年級是小學的最後一年，可以把握在小學最後的補救機會。而成就測驗的實施年級，主要設計在各教育階段的後期，選五和八年級，也考慮錯開篩選測驗的年級，讓學生不要在同一年級實施過多測驗，也是為各級學校設計好實施篩選、成就檢測的機制。類似的考慮可能是國內可以參考的，國內目前雖然號稱有很多測驗，但測驗的目的和編製的方法是否符合該階段的需求，似乎很少被探討，而測驗的編製是否符合其運用的目標，通常也被忽略，好像有測驗結果就可以做篩選、能力評估、評鑑等萬用的目的。

三、閱讀障礙的診斷

至於閱讀障礙的診斷，當我訪問閱讀教育與研究中心的教授和資深教學顧問（pedagogical consultant 或 pedagogical advisor）時，比較一致的是該中心會使用一套由挪威特殊教育學者 Jan Tossebro 所編製的閱讀診斷測驗，但其他評估的方法和流程，似乎不同教育心理師或教學顧問所使用的測驗工具或評估方法都有所不同。當我問及在挪威閱讀診斷測驗由哪些專業人員實施時，他們表示，心理測驗、閱讀診斷測驗多由教育心理測驗服務（PPT）的教學顧問或教育心理顧問實施，雖然負責諮商的教育心理師也會實施心理測驗，但由於閱讀診斷與教學的關係較為密切，多數是由教育心理顧問所實施。在談診斷之前，先對挪威

PPT 的服務做一個簡介。

（一）教育心理測驗服務與教育心理顧問

如前文所提，挪威政府在 1951 年就開始對一般學習障礙的特殊需求評估要求專業化，後來也在 1960 年代明文規定政府要設置相關單位負責該項業務，亦即教育心理測驗服務（PPT 或 EPS）。如前文所提，PPT 的服務單位都包括有特教教師、教育心理師、社會工作人員和幼教教師（Thygesen, 2010）。根據我訪問的中心，其教育心理師所擔任的工作比較像諮商心理師，不像英國的教育心理師或美國的學校心理師，主要工作在個別、團體諮商，多以談話式諮商為主，偶爾也會實施心理測驗和諮詢，但較少實施與學科相關的測驗或進行教育診斷。而中心內的特教教師主要在診斷和諮詢，所以他們被稱為教學顧問（pedagogical consultant）或教學諮詢者（pedagogical advisor），或教育心理顧問（educational psychological advisor，或 Anthun 和 Manger 於 2007 年的文章中稱之 pedagogical psychological counselor），名稱多種仍不一致。當我問及幾位教育心理顧問的學歷或專業要求時，受訪者包括中心負責閱讀障礙的教授或資深的教育心理顧問都表示，目前挪威並沒有明文規定證照或資格，各校、縣市聘人條件不一，但縣市級以上的 PPT 中心所聘用的教育心理顧問，必須具有心理學主修的學歷、有教學經驗，並具備教學或特殊教育的碩士學位。他們主要的工作是實施教育和心理的評估和診斷，並給學校或家長提出完整的個案診斷報告和具體建議，必要時還可以示範指導特定的教學策略或指導策略。所謂的教育心理顧問的聘用不一定限於 PPT，有些學校也會聘用專人擔任此角色，也有好幾個學校共聘一位，但各縣市的PPT中心明文規定需要聘用專人擔任。當我問及受訪的教授或教育心理顧問，他們是否類似美國的學校心理師或英國的教育心理師，或他們的與英美的心理師有何差異，受訪的三位教授並不瞭解美國學校心理師或英國教育心理師，所以他們無從比較起。當我又問及他們與PPT中心內的教育心理師有何差異，他們則表示心理師多負責心理、行為問題，多以諮商為主，但教育心理顧問都以能力評估和診斷，對於學校教學提供諮詢和參與IEP的擬訂為主。所以，可見閱讀障礙的診斷主要是由學校內、地區PPT中心的教育心理顧問擔任，而挪威的教育心理顧問比較像美國的學校心理師或教育診斷人員（educational diagnostician）。

（二）閱讀障礙的診斷

由前文可知，挪威已於 2009 年開始定期在某些年級篩選閱讀低成就學生，至於這些學生如何被診斷為閱讀障礙，挪威似乎沒有一定的評估工具、方法或鑑定標準，主要有智力測驗和閱讀診斷測驗，至於閱讀診斷測驗可能是唯一的標準化測驗，可能還包括教師自編的聲韻覺識，或其他教育心理顧問認為需要評估的項目。根據受訪的兩位教育心理顧問分享，很多工具都是教師自編或非正式的觀察或評量，當我問及他們對閱讀障礙的定義時，他們也支吾半天，似乎沒有具體定義或標準，我聽到比較一致的說法就是有聲韻覺識問題者。當我問到是否有識字能力OK但有理解問題的閱讀障礙時，不僅是特教的教授、教育心理顧問或中心相關研究人員、教授都感到疑惑；我在中心受邀進行一場講座，我就以在台灣的研究提到的閱讀障礙的亞型，我發表的結果引起有些研究者的好奇，甚至還有研究員問我有關的文獻，可見他們對於閱讀障礙的內涵以及診斷工具、流程的標準化可能不像國內那麼重視。他們都表示只要有嚴重閱讀困難，都是閱讀障礙，他們似乎比較強調補救策略、提供服務，對於區分或分辨是不是閱讀障礙或其他問題導致的閱讀困難可能不是那麼吸引他們。

我有機會訪問中心兩位教育心理顧問，他們都曾在地方的PPT 中心服務過，目前算是中心約聘的幾位教育心理顧問。他們主要也擔任史丹萬格大學閱讀教育與研究中心的個案診斷工作、地區的諮詢、師資培訓等。他們表示中心對地區轉介來的個案進行的診斷流程，有一個標準化的兩天評估流程。轉介時，先要求地區或學校的特殊教育服務負責人提供原單位已經蒐集的資料，包括認知能力、心理與教育測驗、個別化教育計畫、聽力、視力和生理健康資料。中心安排教育心理顧問進行兩天的評估，這兩天中評估學生和陪同家長或教師的差旅費用都是由地方政府支付。他們認為施測需要先建立溫暖、關懷的氣氛，多使用幽默、鼓勵、引起動機的方式與學生互動，之後採用中心內的圖書或設計蒐集學生閱讀表現的程序進行觀察，施測時老師會給予適度的示範或鷹架，以探討學生真正的潛力和困難（由其描述的施測程序好像是動態評量，但我提出動態評量問他們時，他們卻不用此名詞）。這兩天教育心理顧問不僅是在診斷學生的困難，也會嘗試運用一些教學策略測試學生對策略的反應，最後綜合由地方所提供的資料和這兩天的評估資料，做成結論與綜合報告。教育心理顧問會先對隨行來的教師或家長與學校做簡短的診斷報告，如果學生年紀較大，也會讓學生參與診斷報告的講解，讓學生瞭解並給診斷報告回饋。隨後一段時間內，中心才會把完整的個案報告寄給轉介過來的特殊教育教師或轉介的單位，這就是中央的中心給地方閱讀障礙診斷的服務之一。由下文各級中心的分工也可以瞭解，地方的 PPT 中心也可能接受學校的轉介進行閱讀障礙的診斷，而地方 PPT 中心無法解決的困難個案就會轉介到中央的資源中心。

四、負責閱讀障礙學生服務的資源中心

由前文可知，不同層級的資源中心是挪威政府設計提供特殊需求學生服務的架構，閱讀障礙也不例外，前文也提到其國立資源中心有一類為讀寫困難，即是本研究所關注的閱讀障礙的補救系統。在此將以我訪問的地方為例，說明其不同層級的資源中心所提供的支援服務，這次接待我訪問研究的單位是史丹萬格大學（UIS）的閱讀教育與研究中心，這是挪威全國唯一以讀寫障礙為主的中央級資源中心，另一是史丹萬格所在的羅格蘭縣的縣級教育心理測驗服務（簡稱 PPT）。

（一）史丹萬格大學的閱讀教育與研究中心

接待我這次短期訪問研究的單位就是史丹萬格大學的閱讀教育與研究中心，其挪威文為「lesesenter」，即閱讀中心之義，其設定和目前的功能都與前文的挪威教育之發展有關。

在 1989 年，閱讀研究中心（Centre for Reading Research, CRR）是由教育學院，結合對閱讀研究有興趣的教授們一起設置的[3]，他

[3] 據中心主任 Solheim 博士所述，即是大學教授所需要達成的研究任務，他們集合成員的時數成立之組織。

們跟地方政府或相關資源申請經費進行研究。而後，於 1992 年因應挪威特殊教育的轉變，中央政府把很多特殊學校轉變為資源中心，當時發現閱讀障礙或學習障礙等輕度問題並沒有特殊學校可以轉型，因此就讓史丹萬格大學的閱讀中心變成國立特殊教育資源網的一部分（national network of special education centres）。此中心當時是中央政府唯一設在大學的特殊需求資源中心，跟其他特殊學校轉型的國立特殊教育資源中心分擔不同的專業支援服務。

1995 年 CRR 因應史丹萬格大學（UIS）由教育學院升格為大學，史丹萬格大學也將閱讀研究中心變為學校的一個提供研究與教學的中心，隸屬於教育學院；亦即中心除了對外扮演國家特殊教育資源中心之外，對內也負責提供相關課程和教學工作，當年在學院任教的教授都轉為中心的教授或研究員。UIS 原本是師資培育的教育學院（類似師範學院），1995 年與幾個學院合組改制為大學，目前是挪威七所大學之一，也算是挪威較新的大學。

2004 年因挪威政府進行課程改革，全國各課程領域也仿照特殊教育一樣設立國立的教育資源中心，史丹萬格大學的閱讀研究中心也爭取到擔任國立閱讀教育中心之角色，而改名為閱讀教育中心，隨後又改名為國立閱讀教育與研究中心（National Centre for Reading Education and Research）。由其發展可知該中心目前有三個主要任務，一個是最早的，學院教師的團隊負責教學、提供相關課程設計等業務，一個是對挪威全國提供讀寫障礙之資源服務，第三個是負責挪威全國的閱讀教育資源的中心。此外，他們還承接地方如羅格蘭縣的師資培訓、師資諮詢等工作，也爭取與閱讀有關的研究，如國際閱讀能力進展研究（PIRLS）或國際成人語文調查（International Adult Literacy Survey）。根據中心主任 Ragnar Gees Solheim 博士表示，他們接受委託辦理培訓、諮詢的工作經費在全中心的收入亦有相當的比重，可見其除了中央政府所賦予的任務之外，其他相關委託業務也是他們的重要經費來源。

整個中心的運作也分三組：一組是閱讀研究，協助教育學院開設碩士、博士班課程，與達成大學教授研究之任務；第二組是閱讀教育，配合國家閱讀政策，規劃與推動高品質的閱讀教育，與各地區政府合作提升閱讀教師或推動閱讀的品質；第三組負責閱讀障礙和學習障礙，主動提供全國相關專業資訊，接受各地區轉介個案之診斷、諮詢支援服務等。以 2009 年的工作報告來分析，該中心依據三項任務在全國性和國際性的研究專案分別如下：

◎閱讀研究

1. 與瑞典 Stefen Samuelsson、美國 Richard Olson、澳洲的 Bryan Byrne 合作進行雙胞胎基因與閱讀的研究。
2. 史丹萬格地區跨領域追蹤研究，由兩歲半、四歲半追蹤 1,500 位小孩，再看他們在七歲半、九歲半的讀寫狀況。
3. 雙胞胎的第二語言習得研究。
4. 成人語文技巧和生活技能（國際成人語文調查）。
5. PIRLS 2011。
6. 再次分析 2001、2006 年的 PIRLS 資料。
7. 雙語拼音。
8. 拼字能力的發展——全國和地區。

◎閱讀教育

1. 閱讀理解策略對學生閱讀的影響。
2. 整合研究：多媒體對高危險群兒童之語文的效果。
3. 教科書撰寫包括 PPT 等教材：外國領養子女接受新的母親。
4. 閱讀計畫：中心跟孩子監護人、圖書館和市政府合作發展。
5. 閱讀樂趣：編寫給馬達加斯加兒童的繪本。
6. 教導有困難的青少年閱讀（與歐洲國家合作）。
7. 撰寫書本：有關社會相關議題的挑戰和兩難等主題。
8. 讀寫中介策略。
9. 科技教學運用在幼稚園。
10. 早期閱讀使用科技。
11. 使用計畫練習是否影響學生的語文（根據 PIRLS 2006 資料）。

◎閱讀困難診斷與補救

1. 閱讀困難診斷與追蹤輔導。
2. 有 ADHD 症狀的孩子。
3. 斯堪地那維亞和英國的研究：研究飲食介入對自閉症的影響。
4. 跨國領養子女適應。

另外，在參觀學校時，獲知中心把挪威所有出版的童書依據中心制定的等級標準分級，分 1 至 7 級，目前對於 8 至 11 級（屬於青少年階段）的分級系統與書籍尚未建立。後來在中心內，我發現有一個小小的全國兒童讀物圖書室，內有最近三年的全國出版童書，中心有人針對全國兒童讀物做分級，並在中心相關出版品中簡介分級童書，讓各校參考最新出版品的分級，我所參觀的學校圖書館（見附錄 3）他們就表示會根據中心的簡介把新購買的童書分級排列給教師參考。進一步訪問才瞭解，因為他們是國立的閱讀教育中心，所以挪威政府會將所有出版的童書寄給他們，中心有一組研究團隊負責將新出版的出版品做分級評估。限於中心空間，中心僅保存最近二至三年的出版品，及較典型的兒童讀物可以作為診斷或推廣閱讀教育之教材設計，這些讀物都放在分級書的櫃子內，每個櫃子裡有該級推薦的書、簡介和教案，可以讓老師隨時使用，其他過期的都捐給附近圖書館或學校。可見他們在閱讀教育除了研究之外，也擔負起一些基礎的服務工作。此外，挪威除了將所有紙本繪本、兒童讀物給此中心之外，也會製作相關讀物資源給其他負責有聲圖書和手語錄像書的資源中心，提供給其他特殊需求的兒童。因為我並沒有在中心正式的工作報告看到此項工作，也許被列在哪一大項內，讓我看不出來，但可以看出此項是中心例行的重要任務之一，這也是被學校肯定的服務（見附錄 3）。中心報告所列之研究專案可一覽中心對閱讀的相關研究，除前述三項之外，還有其他專案如下：

◎其他有關測量的專案

1. 全國閱讀篩選測驗，給一、二、三、六年級學生施測。
2. 中學十一年級學生的閱讀篩選測驗施測。
3. 編製閱讀成就測驗，針對五、八年級實施。

該中心有 30 位專任工作人員，其專長在教育、心理、特殊教育、語言等不同領域，20 位是專任長期聘用，包括學校專任教師或約聘研究員，其他是博士班研究生，或因參與長期計畫所聘任的研究人員。其中有三位是外籍員工，包括荷蘭、德國和美國。另有三位校外顧問研究員，各來自其他北歐國家（瑞典、丹麥），因為外籍顧問不定期到中心來做短期研究，所以該中心在史丹萬格市區內租有一層小公寓提供外籍研究人員住宿，也因此，我才能幸運地獲得免費住宿，得以在生活費高昂的國家生存。

中心第二任主任 Solheim 博士就在我結束訪問前申請退休，我有幸獲邀參加他的退休餐會，7 月起由原副主任 Assee Kari Wanger 博士接任，她是一位語言學背景的教授，其與特殊教育的淵源沒有前兩任主任深，預期會將中心帶到另一個階段。但新主任一直強調挪威的團體基本都是團體決議，主任的影響或由上而下的領導不是那麼明顯。Wanger 博士曾經留學法國，她先生也是法國人，她對挪威的組織和文化的描述，一直以法國為基準比較，雖然我對兩個文化不是非常瞭解，但由她的描述，可以體會她想強調的團體共享、共治的精神。

（二）羅格蘭縣級的教育心理測驗服務中心

挪威全國分有 19 個縣（county），或稱行政區，挪威文是 fylke，其下再分市（municipal，挪威文 kommune），只有首都奧斯陸是 fylke 也是 kommune，其餘的縣每個縣下面會再分幾個市。羅格蘭縣也不例外，史丹萬格是羅格蘭縣內三個市之一，三個市分別為 Stavanger、Jæren、Haugesund，史丹萬格是最大的城市，所以，羅格蘭縣級的教育心理測驗服務（PPT）中心設在史丹萬格。由於挪威地方政府的分工，義務教育或兒童的服務由市政府負責，高中職和成人由縣政府負責，大學及高等教育則有中央政府（state）負責。所以，他們的 PPT 也分縣政府層次和市政府層次兩種，縣政府的層級大於市政府，二者的關係類似昔日台北縣內的中和市、板橋市。縣政府層次的 PPT 僅提供給高中職階段，而市政府層次則提供義務教育階段（一至十年級；小學到初等中學）的服務。我透過閱讀教育與研究中心的教育心理顧問 Ellen Heber 的安排，才有機會到此中心參觀，她同時在閱讀教育與研究中心和羅格蘭縣 PPT 中心工作，兩邊各工作兩天都算是兼任，在兩個中心主要都是負責高中職階段的教育心理顧問（pedagogical advisor）。

羅格蘭縣 PPT 中心位於史丹萬格的市中心，就在碼頭邊的一群新式大樓中的一棟，羅格蘭縣 PPT 中心占據那棟大樓一側的兩層樓。該中心以心理師為主，有 10 位專任的心理師，另有 9.5 位類似 Ellen Heber 這樣的教育心理顧問。他們需負責 31 所公立學校、9 所私立學校，其中 3 所是教會學校、2 所是 Rudolf Steiner philosophy 的學校，亦即台灣的華德福學校（Waldorf），4 所是一般私立學校，平均一個心理師或教育心理顧問約負責兩所學校。

PPT 所提供的教育心理服務都是免費的，主要是幫助學生解決其個人、社會或學校適應的問題，每個中心的人員配置都是依據地區學生人口分配。羅格蘭縣 PPT 的 19.5 位心理師和教育心理顧問，其中 15 位是史丹萬格市，4 位為 Haugesund 市，0.5 位是 Jæren 市的學校，但這僅是分配原則，實際服務工作並不受此限，仍是全體分工合作完成縣內學校的需求。

高中職的學生與 PPT 接觸的管道有四：可以透過學校輔導老師（guidance counselor）轉介、自行接洽、透過父母或監護人、透過市政府其他支援服務轉介。根據 Heber 所述和她提供的講義（2010），被轉介到 PPT 的理由很多，包括學生覺得學校無聊、沉悶，出現學習困難，或對某一學科有嚴重困難、霸凌或恐嚇、高密度的缺席、焦慮不安、悲傷或哭泣、飲食問題、失眠、適應學校有困難，包括同儕之間或與教師關係、心理或生理問題。PPT 提供給學校和學生的服務，多以談話為主。有些個案，PPT 會跟學校或其他單位一起協助，如社會福利、學校健康保健單位、醫師或其他醫療服務；有些個案，PPT 會進行專業評估（心理測驗、專家評估）、重新調整學習環境，如轉學或轉到其他學制，這經常都是讓學生一起討論來決定，與學校共同擬訂學生的補救方案。當然如果縣級中心在處理個案問題出現瓶頸時，也會把個案轉到國立的中心。但因 Heber 本身就在兩個單位服務，她說她經常可以用大學中心的資源和專業來解決縣級中心的問題，所以，兼任兩邊工作，工作不會分散或過量，反而兩邊工作有加成的效果。很多學校對於她提供由大學（國立中心）研發出來的策略，反而提高學校或家長的信任與合作意願，在大學負責高中職的教育心理顧問或相關研究，也因她與高中職的密切關係，讓工作更為順利。

根據 Heber 描述，心理師和教育心理顧問在專長上有區分，心理師比較以個人取向解決問題，雖然他們也會去學校或是和家長談話，但多數處理重點仍在學生個人本身的心理適應；相較之下，教育心理顧問則會以學校系統為重點，跟學校、教師討論如何調整教學或其他方案來幫助學生。所以，他們之間會因學生問題的需求而互相轉介，有的學生會在中心獲得兩項服務，也有學生剛開始以心理諮商為主，而到下一階段轉求助於教育心理顧問，或直接轉以教育心理顧問為主。有些教育心理顧問的個案也會轉給心理師進行心理諮商，所以雙方合作模式完全依據學生需求而定。

縣政府給高中職的支援除了教育心理測驗服務（PPT）之外，還有預防中輟服務（挪威文 oppfogingstjenesten，簡稱 OT），類似追蹤服務或英文的 follow-up service，其主要對象是十六至二十三歲，包括仍具高中職學生身分者，曾經中輟或可能會中輟的學生。另外還有生涯中心（career center），此中心從2008年才開始，主要對象包括高中職學生、移民或坐監的成人，協助他們順利進入社會就業。與就業輔導中心不一樣的是就業輔導中心是協助找工作，其主要工作包括提供教育輔導（包括學挪威話、取得學歷或進入高等教育）、評估升學或就業之相關能力和機會，和增進羅格蘭縣內就業輔導單位的效能。轄區內三個市政府也都有設立此服務中心，服務包括諮商或輔導、協助他們找到興趣和安置，以及生涯輔導。另還設有健康服務（health service），以十六至二十歲為對象，包括健康檢查、諮詢、預防心理社會適應問題、提供個人或團體輔導活動。與學校輔導活動不一樣的是，教導學生如何、何時和哪裡可以尋求協助，教導學生幫助身體適應困難的朋友。

這次有幸可以瞭解挪威國立和縣級的資源中心，對其不同層級的資源系統如何垂直分工合作的關係更有概念。在挪威期間，也參觀另一個縣級的資源中心——兒童復健中心，是史丹萬格大學附屬醫院的兒童神經復健部門（Department of Child Neurology Habilitation, Osterlide barnehabilitering），該部門同時擔任羅格蘭縣的縣級資源中心，專門提供腦神經功能異常兒童的復健工作，詳見附錄 5。

另外學校層級的服務與台灣的資源班類似，已於前文讀寫困難的篩選與補救一段中說明，也可參考附錄 3、4 小學、高職的訪問稿。

第4章

總　結

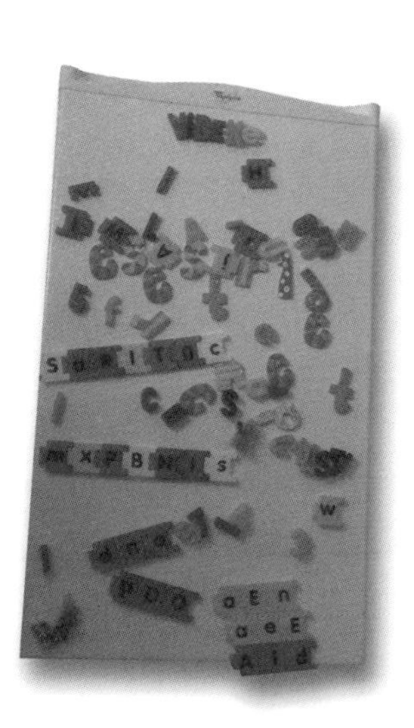

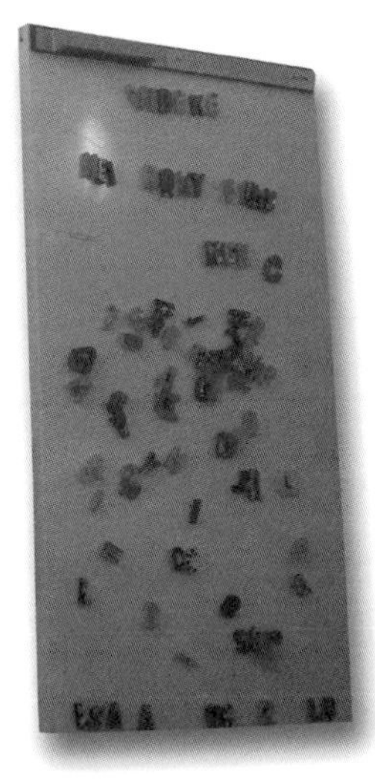

如第一章所整理的，挪威在社會文化、宗教、語言、教育制度和教育方式等五項與台灣有所差異。雖然台灣與挪威必然有差異，但仍有很多相似的地方：兩個國家都是在 1900 年初號稱獨立，但一直都是到二次世界大戰才真正有國家實質；挪威與台灣的經濟也都是 1960 至 1970 年之後才興起。挪威在 60 年代之前曾是歐洲比較貧窮的國家之一，但由於挪威的社會重視每個人的權利，關心弱勢的各種措施自然而然就被考慮，而不會像台灣，「帶好每個學生」一直都是口號成分多於行動，或是政策很難落實到學生每天生活的學校和教室。

一、他山之石——推薦值得參考的

雖然台灣與挪威有上述的相似背景，但現在挪威與台灣的國家經濟狀況、民主政治和國際地位卻呈天壤之別。所以，挪威很多教育制度確實難以適用於台灣，例如：終身免費教育，包括免費的高等教育還有優渥的回流教育補助，在此時經濟窘困的台灣，都有人主張高等教育應該使用者付費，挪威政府卻認為高等教育是提升國民就業競爭力的機會，免費的高等教育可以保障經濟弱勢的學生有機會進入高等教育，兩種想法背後的價值完全不同。另外，挪威政府僅訂定教育政策和經費，讓地方政府和學校自行擬訂方案，這樣的信任關係建立在其成熟的民主政治環境，如此授權和信任的合作關係可能很難見於台灣，各級政府和學校都常有「上有政策、下有對策」的應付心態，因此，目前一般社會很難信任政府、學校，也因此看到很多家長只好自行解決。

但是，挪威有些作法卻是可以讓我們參考或省思的，以下是我推薦挪威的經驗給台灣參考。

（一）兼顧正式與非正式課程

挪威政府落實課程綱要，學校教育達到課程綱要的方法不僅限於正式課程，同時重視非正式的學習機會，其閱讀教育在教室內、學校內都有設計正式和非正式的學習機會。這與挪威人強調自然主義的教育有關，相形之下，台灣的教育顯得過於重視形式和表象、重視知識內容，而忽略學習歷程和學習方法以及非正式課程，雖然台灣教育這些弊病早已被國人提起，相較於挪威的學校教育，我們教育形式化的特色更為明顯。

（二）中央和地方政府的分工，成立垂直關係的資源

挪威政府對於特殊需求學生的資源系統明文規定中央和地方的分工，但由其各級資源系統的運作，可以看到他們垂直分工，資源系統層級區分清楚，但分工卻也可以合作，甚至在部分工作上重疊，例如：診斷個案或協助個案擬訂 IEP，這樣的分工與合作關係因為重疊可以讓個案的服務無空隙。可惜台灣的中央、地方政府的分工，經常是分工不重疊，常常聽到這是縣市政府負責的、中央政府負責的，當設計中央政府與地方政府的分工之時，如何讓垂直的關係沒有空隙，挪威的資源系統設計完全以人的需求為本，確實值得我們借鏡。

（三）學校教育所需的資源，並不一定都要設立在學校內

挪威在各級政府都設立很多學校所需的專業資源，例如：閱讀中心、教育心理測驗服務中心、兒童復健中心、臨床心理治療中心，甚至才藝教育，這些中心雖然是服務學童，也與學校合

作，但卻都是設立在社區。國內引進心理師、社工師到學校時，卻都是將這些人員設在學校內，導致雖然有跨校運用的設計，但因設立在學校內，難以落實跨校服務，也難以建立起高於學校層級的服務模式。目前國內有些縣市已經開始建立縣市級的特教資源中心，可惜的是，這些資源中心都未能聘用相關專業人員或巡迴用的專任教師，挪威的 PPT 中心可以作為未來各級特教資源中心擴充工作模式的參考。

（四）環境生態角度的特殊需求

挪威政府在重視弱勢的預防工作，對於閱讀障礙或特殊需求的定義不限於嚴重的生理因素，也包括可預防的閱讀困難和弱勢環境可能的問題，挪威（及歐洲很多國家）將特殊需求的角度採 3D 的定義，補救不限於障礙，如此預防的觀點，確實比較務實，也與美國現在所主張的轉介前介入，有異曲同工之效。所以，我國特殊教育如何參考生態角度的觀點，與一般教育的補救教學合作，建立一個預防式的服務模式，才能照顧到所有的困難。

（五）終身補救

台灣與挪威都強調終身教育，挪威對於所謂的閱讀困難，除了專業人員急著希望及早介入之外，社會和政府的設計都考慮到每個階段都有機會讓這些困難被轉介和補救。他們雖然擔心學童的閱讀困難，開始定期篩檢，但他們卻不急著在小學階段就積極補救閱讀能力，本著生活教育、自然、快樂學習的價值，很多老師和學校都肯定每個階段都可以給孩子機會補救。這種思維完全沒有成本或效益的考慮，跟挪威很多公共建設的思維很像，只要人民有需要，即使是為了少數人，也不計成本提供服務。雖然我們不可能如此不計成本，但終身都有機會補救的精神可以讓我們思考國人亦可能有此需求，至於作法我們可以另想辦法。

二、台灣和挪威真正差異的探討

除了上述的推薦之外，在挪威短短幾星期的研究，深深體會挪威政府在系統、制度的著力之深，相較於制度或服務系統，挪威在閱讀困難的補救策略、方法、診斷或其他相關的研究可能不比台灣來得先進，但由於挪威完整的服務系統，以及層層的轉介系統，可以確保閱讀困難學生均有機會獲得適合的補救。反觀，台灣這些年來一直發展很多閱讀障礙的診斷、補救策略，但由於服務系統僅有學校一層，大學的特教中心並沒有專業化的發展，學校或縣市政府轉介到大學特教中心也不一定可以獲得專業的諮詢，所以，已經研發的有效介入技術可能難以普及到有閱讀困難的特殊需求學生。二者如此之差異，讓我不禁思考，對家長或學生而言，到底制度、系統的發展比較重要，或有效的診斷或補救方法比較務實？制度或方法與策略哪一種比較能滿足學生和家長的需求？挪威政府在完善各級系統的分工合作之下，雖然還沒有專業化的技術、流程，但卻能讓資深的教育心理顧問仍能在系統中發揮其功能。所以，台灣在研發各種方法、技術、工具之餘，政府是否應該開始思考如何給家長、教室和學校適當的專業資源系統。

挪威的民主是在充分的討論後，利用合理的程序達成決議，讓大家都可以跟隨著決議，也就是讓最後的決議變成專業領導全體。而台灣的民主，就是只讓百家爭鳴，讓大家都有機會去擔任領導，也因此，此領導是否禁得起專業的考驗，多頭的領導也讓學校、地方基層無所遵循。過去十幾年台灣學習障礙教育就是如此。因此，很多學校對於各種技術、工具、策略都難以判斷，不同的民主理念與作法，也反映在特殊教育的專業發展。畢竟，技術、策略可以多元發展，系統、制度卻僅能是單一的，所以，我們一直往技術、策略去發展，可能跟我們的社會有關，讓大家都有機會領導。

這次遠赴挪威訪問，跟之前在英國（2000）和美國（2005）的訪問相較之下有很大的差別，除了語言和文化的衝擊之外，在資料蒐集也因受到限制而必須採用多元方式。另外，2010 年的訪問在網際網路的運用上和前兩次已經很不一樣，尤其最新流行的臉書（Facebook）讓我可以在訪問時，隨時整理記錄放在臉書上的網誌與在台灣的特教教師分享，可以立即獲得台灣讀者的反應和回饋，這樣的交流和回饋，讓我可以在當地更立即地去蒐集資料或探討可能的答案。也感謝在台灣的讀者給我的立即回饋，讓我得以隨時修正我的資料和想法。我也把部分訪問稿的整理做成本書的附錄，提供更具體的描述。

這次訪問的閱讀教育與研究中心，與過去在美國、英國所參觀的閱讀相關中心相較，發現這個中心由於其獨特的歷史背景，而發展出不同的任務，但卻是一個兼顧實務、政策和研究的中心，這確實是國際間難得一見的閱讀教育實務與研究兼顧的中心，一般閱讀和特殊困難兼具的單位，應該說是獨具一格的，也因此，讓我對於所謂的國立閱讀中心的定位或功能也有更多元的思維。

三、結語

訪問其他國家、瞭解其他國家制度，除了學習之外，更重要的是藉由其他國家的經驗讓自己有機會反思，重新認識自己所熟悉的國家，反思習以為常的制度、理所當然的推理。挪威的經驗確實讓自己看到台灣的優點，值得肯定的地方，但卻也讓自己有些反省，以下是我從挪威回國之後開始思考的問題，這些問題讓我更瞭解我們的瓶頸和定位。台灣目前經常見到學者間在閱讀困難補救或低成就問題補救的議題有所爭議和衝突，以下的問題可能是雙方不同見解的根源。

（一）為什麼一定要鉅細靡遺的規定？

目前因應《特殊教育法》於 2009 年新修訂，有很多相關辦法正在制定，經常聽到各界人士呼籲要規定這個、規定那個，要規定中央政府、地方政府，甚至規定學校要怎麼設班、聘人，教師授課多少小時，只要沒有規定好像就難以確保品質。這樣的思維跟挪威的社會非常不同，挪威的作法是中央政府只負責必要的經費、分工，僅規定課程綱要，其他的執行方式強調機構自主。當我有機會去訪問當地學校、機構、當地人時，發現當地學校、政府非常認同照顧弱勢、推動閱讀這些工作，也認同照顧每個人的需求之必要性，因此，其自然就會自主地去執行。反思，國內社會、政府本缺乏對個人的尊重，尤其是弱勢者的權利經常被理所當然地忽略，當我們沒有認同這樣的需求時，自然就需要被規定，正如孫中山先生在三民主義所提到的，社會不宜一下子進到民主憲政，宜先需實施「軍政」或「訓政」的管理。當我們呼籲很多規定時，可能反映出我們的社會仍缺乏這種尊重人權的文化和精神，因此，很多機構包括政府單位，自然就會被動地配合政策，甚至上有政策、下有對策，而對工作品質毫無責任感。當我們依賴更多的規定時，與其說是上面的規定不夠多，不如說是我們政府、學校、執行工作者的被動或不願意負責的現象。

（二）專業服務的要求到底是技術或制度為重？

台灣在過去的二十幾年來，經常邀請國外學者來進行特殊教育或閱讀相關的專業技術或策略，很多研究也都積極研發各種技術或方法，而很少去探討這些技術需要哪些政策配合，哪些技術需要什麼樣的制度配合。這次在挪威看到他們在特殊教育或閱讀診斷或補救的技術並不比台灣先進，但由於他們不同層次的支援系統，分層分工合作的制度，讓他們對學生的服務品質優於台灣，或是說我們看到特殊學生在挪威的補救系統下之生活品質或教育機會，不禁讓我反省，我們是否追求技術追過頭了。尤其今年（2010 年）初接受赤子心基金會委託諮詢一個南部的個案時，發現學校提供給一位情緒行為障礙學生的服務很不專業，即使資源班有合格的特教教師以及教育局設立的情緒巡迴服務，由其 IEP、個案報告卻看不出任何專業品質，但是當地卻是國內較多篇相關主題研究論文的地區，這些研究的技術為什麼無法讓現場的學生受惠呢？我們追求專業技術的目標到底在哪裡？技術到底要如何才能讓受服務者受惠？國內是否應開始重視制度、工作模式的建立，讓技術可以順利轉移到學校教育現場？

（三）成效的追求應該著重什麼——立即或長期？

這次有機會來挪威，才瞭解挪威是北歐最崇尚自然的國家，相較於芬蘭，挪威對成效的追求顯得自然也不積極。雖然他們也開始進行篩選、成就監控，但他們的學者、百姓都不認為需要去改善他們學齡兒童的閱讀表現，他們似乎認為閱讀能力的建立不急在學校階段，真正的成效應該看長期的。由 PIRLS 2006 的資料，挪威小四學童的閱讀時數之多在國際之間算是數一數二（詳見表 4），74% 的學童每週閱讀超過三小時，美國有 90%，瑞典有 45%，而台灣居然僅有 11% 的小四學童閱讀超過三小時，挪威有閱讀習慣的學童幾乎是台灣的 6 至 7 倍。他們看重長期的效果，而非揠苗助長的立即成效，他們對學童的閱讀表現更重視閱讀行為、閱讀習慣。如此不一樣的成效觀點確實值得國人去省思，尤其國內還有地方政府堅持以「一本」為基測的範圍，對於成效的思維真是天壤之別。我一直在思考：同樣的民主社會，為什麼他們的政府不會像台灣的政府這樣鄉愿，為了討好百姓，寧可犧牲下一代學童未來的基本能力，間接鼓勵家長以假象的高分來自我麻醉。我們的政府真的無法讓百姓接受事實，我們的社會真的無法接受真實能力需要長期的教育才能建立？揠苗助長的效果僅是一時的，全國上下都如此汲汲於利，挪威的長期教育觀點或許也值得我們省思。

（四）補救和預防是否強調成本，要有期限？

挪威政府對於低成就或中輟學生的補救態度異於台灣和美國，他們固然強調及早篩選、及早預防，但也重視高中階段的篩選、成人的回流教育，只要學生有心想補救，挪威政府仍提供診斷、補救的教育，甚至協助成人回一般大學接受正式教育取得學位。這樣的終身恃機的補救精神，真是罕見。與我們目前僅強調學前、小學階段的預防補救之政策，真是強烈對比。當然，學前、小學的預防確實是成本效益最佳、也是美國資本主義的思維，然而對施行社會主義的挪威，在教育和社會服務談成本效益確實是非常奇怪的思維。也因此，更有機會讓我看到自己在教育、社會服務之政策背後的資本主義思想。到底成本重不重要，以台灣目前的經濟和人權的水準，成本與人權的平衡之下，成本仍是較為重要的，因此預防和補救都容易僅限於容易見效的階段，對於不易被發現或不容易配合補救的學習失敗者，可能難以獲得補救的機會，當然我們的社會也只好默默承受這些效果，而經常出現意想不到的閱讀障礙成人。

此趟訪問除了讓我瞭解北歐文化，也更瞭解自己所處的文化環境，當教育部因應閱讀問題所推出的對策時，本章之反思對尋找策略和目標更具意義。

附　錄

圖 11　房子、車子都掛著挪威的十字旗

圖 12　連娃娃車也掛國旗

圖 13　看我們家，我房東在門口掛了多少國旗

圖 14　「我」也穿上國旗

圖 15　遊行隊伍和路旁群眾

圖 16　觀看的群眾，很多穿著他們傳統的服裝

圖 17　橋上、路上都站滿人

圖 18　小學生的學校旗子和國旗及行進隊伍

圖 19　小學六年級，連班旗也出來遊行

圖 20　這也是一個小學有創意的班旗

圖 21　這是挪威的男女傳統服飾，身旁的一家人接受我邀請入鏡

圖 22　中學生也會穿自己家裡的傳統服飾參加學校遊行，旁邊的小女生好羨慕大哥哥、大姊姊可以遊行

圖 24　圖書館各級圖書展示區

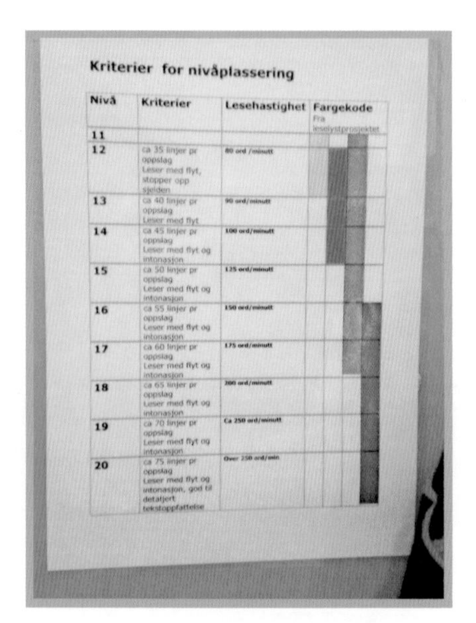

Kriterier for nivåplassering

Nivå	Kriterier	Lesehastighet	Fargekode Fra leselystprosjektet
11			
12	ca 35 linjer pr oppslag Leser med flyt, stopper opp sjelden	80 ord /minutt	
13	ca 40 linjer pr oppslag Leser med flyt	90 ord/minutt	
14	ca 45 linjer pr oppslag Leser med flyt og intonasjon	100 ord/minutt	
15	ca 50 linjer pr oppslag Leser med flyt og intonasjon	125 ord/minutt	
16	ca 55 linjer pr oppslag Leser med flyt og intonasjon	150 ord/minutt	
17	ca 60 linjer pr oppslag Leser med flyt og intonasjon	175 ord/minutt	
18	ca 65 linjer pr oppslag Leser med flyt og intonasjon	200 ord/minutt	
19	ca 70 linjer pr oppslag Leser med flyt og intonasjon	Ca 250 ord/minutt	
20	ca 75 linjer pr oppslag Leser med flyt og intonasjon, god til detaljert tekstoppfattelse	Over 250 ord/min	

圖 25　不同等級的能力說明

圖 26　高年級的主題區和學生的作品展示

圖 27　閱讀者才可以坐的搖椅，圖中二位是圖書館負責老師與中心主任

圖 28　畢哈娜醫師服務的史丹萬格大學附屬醫院的兒童神經復健部門正門

圖 29　兒童神經復健部門前門庭院

圖 30　另在市中心也是史丹萬格大學附屬醫院設置的兒童精神醫療支援中心，也是縣市級中心

圖 31　英格教授、畢師母和畢醫師，在畢醫師的新公寓合影

圖 32　我和畢醫師夫婦的合照，聽說這是他們新家第一次上相

圖 33　畢醫師和他的屏東縣榮譽縣民證明

5 月 17 日國慶日

當我 5 月 11 日到挪威，就有很多人跟我提起 5 月 17 日的節日，好像是一個大日子，我知道是放假，也是國慶日，連我樓下的房東 Christina 和他小孩都一直很興奮地期待著。

5 月 17 日為何被稱為是國慶日？挪威雖然在一萬多年前即有人居住，西元前 9 世紀也有統一的王國，但在 1349 年之後挪威逐漸衰弱，被丹麥納入為卡爾瑪聯盟（Kalmar Union），直到法國拿破崙失敗之後退出北歐，丹麥在 1814 年把挪威還給瑞典，挪威在 1905 年 5 月 17 日提出獨立憲法，而後瑞典發動戰爭，經過第一、二次世界大戰之後，挪威才真正獲得獨立。但他們仍是以 5 月 17 日為他們國家誕生的日子——國慶日（national day）。

一早我就聽到音樂聲，聽說市中心會有遊行，白天是學校遊行，晚上是成人。結果我一出門，全市熱鬧非凡，到處掛國旗，不只家家戶戶，還有各種車子。男女老少也多穿著他們的傳統服飾。在中心的德國同事說，挪威人因為從 1900 年到二次大戰後獨立的歷程非常辛苦，他們真正能夠慶祝也是大戰後五十多年而已，所以他們對於國家認同是非常強烈也非常熱情的。他們的經驗跟台灣的遭遇很像，我們甚至到現在都不知道自己的國家、國土是什麼，為什麼我們對國慶日反應這麼冷淡，是否國慶日對台灣的意義有點遙遠，連建國一百年都不能談「建國」，所以，台灣是一個國家嗎？可能我們還在找認同的對象，所以，還熱情不起來。

我到市區看到大家圍在道路兩邊看孩子們遊行，挪威人（應該說所有北歐文化）都很重視家庭，更重視孩子的經驗和參與，所以，全市的學校一到十年級都會參加遊行。每個學校都有他們的旗子，每個班級也有，有的班級甚至自己做，非常有創意。路旁一個小朋友（可能未達六歲，尚未就學），她就一直非常羨慕，看著一些孩子可以遊行。

過去（1950 至 1960 年代），我記得從國小到高中都會在國慶日或光復節出來遊行或參加表演節目，每個鄉鎮、城市都讓學校學生出來表演，甚至是我們東港的小鎮。我覺得這是學生表演的好機會，也是一個經驗，可惜現在的父母可能因為擔心課業、擔心孩子體力不支，或是因為擔心過度政治化，或是如前述因不認同這些日子，好像各鄉鎮讓孩子少了這些表現的機會，殊為可惜。

就這樣一個早上真像台灣的過年或迎媽祖，非常熱鬧，如圖 11 至圖 22 所示（史丹萬格僅是十萬多人的小城市，所以，當然跟台灣萬人空巷的壯觀不能相比）。

分站式教學

有一天，我去參觀一所挪威小學（G1 至 G7），陪同的教授告知挪威小學很流行分站式教學（station instruction），跟我在美國特教班或資源班的分組教學很像，類似幼稚園的角落教學，但比幼稚園的角落又多一組是由教師小組所指導的。我一直推薦國內特教教師採用這種方法，但好像不太成功。國內老師比較習慣全班一起上同樣的內容、進行同樣活動的大班教學，所以，面對班級內個別差異時，老師就常抱怨。特教教師本來就應該對個別差異更敏感、更有辦法的。

基於此，我特別把參觀的三個班級之教學流程描述如下，並附上教室的布置，讓大家想像一下這樣的分站教學如何在一個班級進行。

小一的語文課

老師對一組四個小朋友進行閱讀指導，每個小朋友拿出自己夾子中的書，老師先問書中的問題，小朋友試著回答，引導之後，老師讓小朋友輪流朗讀。

同時有一個教師助理在獨立工作區巡視，其他同學分四組在不同區域進行不同活動。一組四位小朋友在一張長方桌各自寫自己的作業單，跟閱讀、識字有關。另一張長方桌有四位小朋友在打改良式撲克牌，每個小朋友有不同數字和字母，類似捉鬼的遊戲，老師認為玩撲克牌可以練習口語溝通。另一張長桌的小朋友在畫圖和剪貼，把蔬菜塗上顏色並剪下來，還有一組小朋友在電腦區玩打字，電腦呈現的是一排單字，螢幕也出現鍵盤有不同顏色，小朋友練習用不同顏色的手指打不同顏色的字母，把一排單字打在螢幕上，算是鍵盤和拼字課練習。

另一組小朋友在閱讀區，每個人拿一本書在閱讀，一個女生坐上桌子，兩個男生在角落沙發上躺著閱讀。

老師旁邊的計時器響起，老師拍手，同學都跟著拍手，並且站起來，把桌上的東西放到門旁邊（見 93 頁，圖 23 中間下方）櫃子中的學生資料，每個格子都有名字，不同的同學有不同的放法，有人一丟就走，有人好好放到格子中的夾子。不到兩分鐘，同學又各就各位，到下一站進行新的活動。

小二的語文課

另一班小二的教室，沒有教師助理，僅有教師一人，教室安排幾乎和小一的一樣，僅是牆上的布置不同，有很多字母書寫體的海報和同學作品的剪貼。

老師帶著一組四位同學進行閱讀，老師拿的書幾乎一整頁都是文字，翻開書問同學，小組同學舉手回答。

其他同學分四組進行不同的學習，第一組在長桌上寫語文聲韻解碼作業單（分音節、寫字母）；第二組在長桌上寫數學數字連連看作業單；第三組在長桌上寫書寫體的字母練習；第四組在長桌上打電腦，電腦出現的是「吊死人」拼字遊戲或拼圖拼字遊戲。另一組兩個男生在閱讀區閱讀。閱讀區的男生不守規矩，出聲音，被老師提醒，老師前往制止。

時間一到，各組類似小一班級，拍手站起來整理資料，輪替到下一站。我觀察時，老師指導的小組顯然閱讀能力比較差，老師讓每個學生拿出閱讀的小書（幾乎一頁一行字的書），老師問同學讀到什麼，同學練習重述故事，顯然這組的學生各自讀不一樣的書（圖書館老師說因為這組程度可能差異大，老師給學生讀不同等級的書）。

小三的數學課

小三的教室也沒有助理，但安排跟其他年級的教室差不多，教室牆壁貼很多英文單字圖和乘法的海報，可能他們開始學英文拼字和乘法了。

老師仍是帶著一組同學做時間的學習，老師拿著一個教具時鐘，請學生讀時間，並問這個時間學生在做什麼，也問學生怎樣才算一天，師生的問答都在教具時鐘上進行，經過問答之後，老師讓同學一個一個把老師的教具鐘的時間寫在小白板上，顯然老師先讓學生讀、認識時鐘、操作時鐘，最後才讓學生學習寫時間。

這個時候其他四組分別在不同區域進行不同活動，一組在寫作業單，內有各種方格要學生把加起來 100 的數字圈起來（find hundred）。另一組正在做加減問題的作業單，還有一組在畫類似彩繪玻璃的圖，有的同學畫好了就開始剪下不規則的彩繪圖。第四組在電腦上玩乘法的程式，電腦的螢幕僅出現很大的黑白數字如 $5\times1=$____，$2\times2=$____，學生依據螢幕上的題目一一作答。

顯然各組學生都在進行這個階段他們要學習的數學。雖然不同主題，但都是數學，教師的計時器響，時間一到，同學們已經很有經驗地拍拍手，收拾東西換站了。

我在美國的經驗，老師通常會在一天結束時，請學生把寫完的作業單放在屬於他的夾子內，等於是讓學生整理自己今天的作業單，沒有寫完的或是作業就拿回家寫，算是回家作業。

陪同我參觀的閱讀教育與研究中心主任Ragnar告知，分站式教學在挪威小學很流行，因為小學生注意力有限，一個活動不宜太長，分站式教學可以讓學生在一個活動學習不會超過注意力的負荷。且班級內需要照顧不同程度、進度、需求的學生，分站式教學可以方便分組。老師訂一個時間，時間一到，學生輪流到下一站，進行不同的學習活動，注意力比較能集中。全校都實施分站方式教學，低年級的學生每次分站時間比較短，中高年級的分站時間比較長，可能一站有 20 分鐘，而低年級可能 5 至 10 分鐘一站。

基於國內教師少具此種教學方法，我特地把所參觀三個班級教室的布置展示如圖 23，讓大家對分站教學班級之物理環境布置之配合更有概念。

左上方都是教師教學區，教師一次僅針對四到五位學生進行小組教學。

正中間和下方長方形為小組工作區，教師放不同作業單在那裡，讓學生做。

正中間上方是該班級的書櫃，上面寫引導閱讀區（guided reading）。

最右邊長方形為電腦區，教師依據課程需要放不同練習程

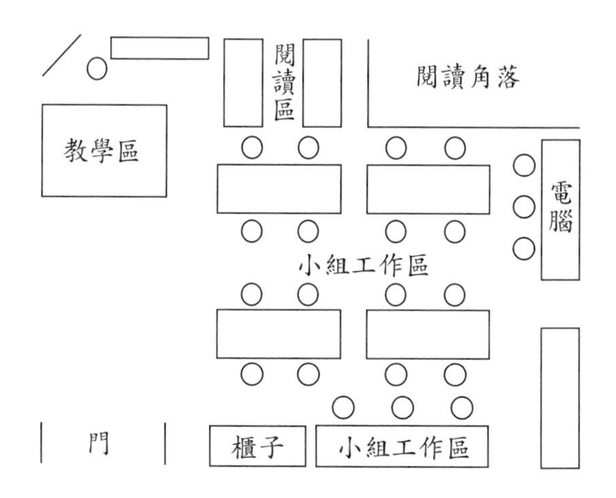

圖 23　分站教學典型的教室座位安排

式，讓學生在電腦上練習。

右上方是閱讀角落，學生可以在長方桌閱讀，也可以在角落沙發、地毯上閱讀。

附錄3

小學的圖書館

我在史丹萬格參觀了一所小學的圖書館，Nylunde Skole是當地推動閱讀教育非常有名的學校，學校圖書館自然是參觀景點。接待我們的圖書館老師，她把小學的繪本依據閱讀中心的等級排成1到11級，一般小一都是由第3級書開始學習起，但學校內很多閱讀困難的學生，特教教師會依據學生程度，選用1至2級的圖書。圖書館的老師參考很多資料，把學生的閱讀程度（例如：每分鐘讀多少字）和建議閱讀的層級做成表格給教師參考，也貼在圖書館讓老師或同學參考選書[1]。她也將不同層級的書用不同顏色標出，書櫃上的書也貼上跟所屬等級同一顏色的標籤，供學生選書之參考[2]。

圖書館分三區，一進門是展示區和圖書館教師的工作區，一區是非小說區，內有電腦網路可提供搜尋，另外還看到資訊能力（information competence）的張貼。圖書館教師說明，這些能力是給需要做獨立研究或大作業（project）的學生參考用，讓學生知道如何做好資訊管理，透過完成作業練習這些資訊能力，並將

[1] 挪威小學的語文課沒有所謂的課本，語文課就是讀坊間出售的書，各班教師在各級選的書也不一樣，比國內的一綱多本還要多元。

[2] 這個很重要，研究發現低閱讀能力者經常選錯書，過難的書讓他們更沒有興趣，文字說明對閱讀困難者通常幫助不大，所以顏色系統很實用。

資訊管理步驟化，此外她將資訊能力分成三種不同層次，不同能力目標和步驟給不同層次的人參考。她是引用紐西蘭的教育（該校校長也強調他們經常觀摩紐西蘭的學校教育），他們不要重視學科，因為很多未來的學科知識現在我們也不知道什麼是重要的、什麼是不重要的，但他們重視學習方法，所以他們教導方法——做學問的方法。類似知識和方法的對比，我回台一查發現資訊能力是美國大學圖書館推動的一項活動，已經十幾年了，我居然沒聽過。不禁也同意他們的看法，知識跟方法相比，做學問的方法真的重要多了，這個能力確實值得重視，可惜台灣由於重視考試、成績，而焦點都放在知識，甚至執著於哪一個版本，而從未討論學生是否具有獲得知識的能力。

在圖書館有兩個吸引學生的搖椅，僅有手上有書在閱讀的人才可以坐在搖椅上，非常有增強概念。另一區的小說區，依據作者將繪本分別擺放，圖書館教師表示目前比較缺乏的是青少年小說，對於該校高年級學生的閱讀需求仍待努力。

圖書館教師提到該校班級圖書區僅設立到四年級，五年級以上的班級沒有所謂的圖書區，他們的閱讀時間就直接到圖書館，這時候圖書館就是他們的閱讀站（reading station），他們的分站時間比較長，所以閱讀的時間也比較長。通常老師也會給閱讀作業（reading project）或「閱讀圈」（reading circle）等活動，學生可能利用四到六週進行閱讀報告或密集閱讀某一個主題等。學生學習如何安排進度，逐步完成，有的學生會因沒有事先安排而到時候來不及會抱怨時間太短。陪同的中心主任表示：「教育本來就是要學生學習如何安排時間。人生本來就常會有做不完的事情，看你怎麼安排時間，有些不重要的可能就完成不了，有些重要的你就要學會在規定的、有限的時間內完成。」聽起來挪威人對於教育的看法真的很務實。

約中午十二點，我被邀請到休息室，多數老師都在那裡用咖啡、喝茶，同學都在操場玩，這是所謂較長的休息時段。我不知道他們的作息，例如：午餐或下午幾點上課，但很多小學生在一點就下課了，所以這個時段之後，對很多學生可能就沒有什麼學習的課堂了。

圖書館教師表示，一般高年級的學生在下午兩、三點結束課堂，但學校圖書館和操場仍然開放給學生，很多學生會利用課堂結束之後，到圖書館做他們的閱讀作業或獨立研究等作業，或閱讀他們喜歡的書，所以，圖書館開放的時間比學校上課時間長。圖書館也會把當學期學生的獨立作業或閱讀作業的成品展示在圖書館內，她希望圖書館是協助學生學習的地方。

目前國內很多學校也積極推動閱讀，但推動閱讀的目的為何，以及全校跨班的資源角色是誰？Nylunde Skole 圖書館的作法也許可以讓學校作為推動閱讀之參考（如圖 24 至圖 27 所示）。

高職的學習工坊

挪威政府規定每所學校都有支持學習困難的學生之方案或措施，學校依據學生的需求、數量跟地方政府申請經費辦理，辦理方式各校自訂，有的學校稱為教育中心、資源中心、學習工坊（study workshop）、評估方案（assessment package）、個別指導（tutor），類似國內資源教室方案。至於是否聘有專人或聘哪些人也都是學校自己決定的，政府僅負責評估學校是否達到照顧學習困難的學生。

我參觀了一所職業學校：蓋德高職（Gand Videregaaende Skole），他們因為職業學校的類科也分工坊（workshop，類似實習工場，如木匠、電機、設計等），所以他們也把資源教室方案命名為學習工坊，非常融入學校文化。

挪威的職業學校在高中階段（upper secondary），高中分學術和職業兩種取向的學校，像台灣一樣，也曾經實驗合併兩種課程在同一學校內，如綜合高中（comprehensive school），但多數高中、職仍是兩類區分清楚的。如前文所述高職階段在學校念兩年，課程仍以書面學科為主，技術操作課程每星期僅十幾堂課，兩年後，要就業拿執照者，需要到職業現場實習，一至兩年實習之後才能考執照，有執照就可以就業。高職的挪威文「videregaaende」的意思是廣泛的磨練，可見它在強調實習、注重操作的學習方式。

蓋德高職是一所約有學生 900 人的高職，在挪威算是大型的學校，學校內設有很多種職業類科，這所學校的學習支援服務在挪威是數一數二、有特色的。該校在十幾年剛開始推動融合教育之時，校方決定聘用專人辦理業務，他們把學習支援服務稱為學習工坊（studieverkstedet, study workshop）以和其他職業類科的工坊（workshop）類似，讓學生很容易瞭解，到這裡來就是練習學習的方法，跟木工、金工、電子的工場一樣。

該校每年約有 90 位需要到「學習工坊」來接受服務，約全校 10% 的學生。這些學生都是學科能力較弱的，但挪威高職在前兩年的課程與高中學科的課程差異不大，所以對特殊學生而言很辛苦，約有八成的特殊學生在進入高職之前，就被診斷有閱讀和語文能力方面的困難。多年來學生經常面臨不及格或需要補救的學科是英語（外語）和數學兩科。

蓋德高職的學習工坊（類似台灣的資源班或英國的學習支援單位）有 4 位專任教師，根據受訪的負責教師表示，所有專任資源教師都需要受過專業的讀寫補救教學訓練，具有專長補救閱讀、英文和數學，其補救的目標都是以幫助學生建立基本學業技能為主，不牽涉學科內容，例如：閱讀能力的補救，是以專業學科的閱讀或撰寫作業的方法為主，不去補救學科知識和內容。因此，該中心已經完成校內各職業類科常見困難科目所需的基本學習能力補救教材，這是十幾年多位專任教師努力的結果。據受訪教師表示，各職業類科的專業科目在高職都是入門的內容，一個具有大學學歷的老師如果無法由課本瞭解學習內容，那麼學生在這個科目的困難，可能不是學生的錯，而是教材的問題，教師就跟該類科的專業教師合作進行教材調整，再教導學生透過閱讀教材來學習、透過作業來練習所需的方法。以一個大學畢業且受過閱讀補救訓練之資源老師而言，針對讀寫能力來教導學生的學習方法，應該是綽綽有餘。至於學科內容概念並非學習工坊的補救重點，資源教師希望跟普通班教師分工合作，學科「內容」由普通班專任教師負責，資源教師則負責學習「方法」。學習工坊除了分析教材之外，針對語文和數學的補救方向，經常把內容拆解成小單位，先去掉困難的，讓學生由基本、簡單的學習，協助學生由基本能力補救。挪威有其他的高職經常到該校來參考他們的教材，或請該校資源老師到校分享和指導。

學習工坊所服務的學生很多有情緒、行為困難，學習工坊內安排了一個安靜的學習環境，或讓學生可以安靜獨處的空間。學習工坊的辦公室規劃也考慮學生的需求，讓資源老師辦公區位於中間，可以看到全部的角落。當我問受訪教師，哪些學生對他們比較有挑戰性，她直接表示是行為管教的問題（discipline），我請她舉例說明何謂行為管教的問題，她表示包括不服從、不能自我管理、幼稚、不負責任、逃避壓力、缺乏學習動機，或是學生到學校來僅是為了社交需求。資源教師必須幫助這些學生長大，讓他們學習擔負自己的責任、願意學習，這樣很多學習的策略才能見效。如果學生有個人心理的問題，資源教師會轉介到該校的諮商室，諮商室有專任的諮商老師，可以進行個別或團體諮商。

學習工坊的資源教師如果遇到問題，就會找專家（如巡迴心理顧問）討論，或是請大學、醫院的專家來指導。對於有些有問題的學生，也可能會安排類似教師助理在教室提醒，當我問到是否用同儕助理或同儕義工，受訪的 Ellen 馬上說同儕義工不符合北歐文化，因為同學是平等的，不應該有人被幫助，感覺有上下的關係。當我問到教室內一個大人進去，固定幫助一個人，不是也很明顯嗎？Ellen 表示那是學生的權利，有特殊需求的學生就有此權利，這不會有同儕間比較的問題。

因為學生需求不一，需求也多元，服務方式都採個別或小組，有時候會不定期開一些特殊性的課程讓小組學生一起上，例如：某些數學基本的技能，學生到學習工坊上課時都是利用原班上課時間，類似台灣資源班的抽離課程。每位學生到學習工坊的時間不一，多數學生在學習工坊接受一週二至八小時的服務，但也有的學生不必每週定期來。學習工坊對於學生建立檔案，也對學生的服務隨時記錄，透過教學紀錄才知道學生各種適應狀況和學習狀況，必要時也與普通班的資料比對，以追蹤評估學生的進展。

類似的服務方式在義務教育階段的學校也是如此，各校自行設計特教支援服務的模式。但由蓋德高職的成功模式，在進入學科知識多元和分歧的高級中學階段，融合教育的特教教師如何掌握到自己的定位和專業的角色確實在台灣仍是一個議題。蓋德高職和 Ellen 所強調的高中職特殊教育服務，以基本讀寫能力、學習策略為主，確實可以提供國內高級中學階段的資源班參考。

附錄5

畢哈娜的兒童復健中心——畢醫師後繼有人

畢哈娜（Hanne Bjorgaas）是畢嘉士醫師夫婦在台灣生的挪威女孩，她有挪威人的金髮和藍眼睛，但會說一口道地的中文。十二歲才回挪威，她的中文之好，如果沒有看到本人，可能不會懷疑她不是台灣人。她因為長期跟著父母在屏東服務小兒麻痺患者的關係，也志願為身心障礙者服務，所以她在德國念完醫學院預科大學部之後，就回挪威攻讀醫學院。實習之後拿到醫師執照，就跟先生兩人到大陸四川成都服務三年，約在 1993 年之間，當時因為台灣經濟和社會福利各方面已經上軌道，而大陸也開放，所以挪威教會的協助資源就轉往大陸。據我瞭解，史丹萬格大學有很多獎學金給大陸人或到大陸支援、服務的方案，上次見面時，畢醫師就曾跟我抱怨，他向挪威政府和史丹萬格大學（UIS）爭取給台灣的獎學金，一直得不到正面肯定，一方面是經濟，但另一方面更是政治因素。挪威政府不願意得罪大陸。

畢哈娜在大陸服務三年之後，夫婦一起返回挪威，開始她的專科醫師訓練，她選的是兒童精神科。她說她一拿到兒童精神科執照之後，就申請轉到兒童神經復健部門服務，因為她喜歡服務障礙的孩子。她服務的單位是挪威史丹萬格市級的支援中心（support center），主要是針對腦神經功能異常導致之障礙兒童，稱之為史丹萬格大學附屬醫院的兒童神經復健部門（Department of Child Neurology Habilitation, Osterlide barnehabilitering），當然也收一些認知功能障礙但可能伴隨其他神經異常問題的孩子，但這些孩子通常都是多重障礙。該部門也是羅格蘭縣的縣級中心，它們都隸屬挪威的西部中心，挪威政府衛生署把挪威分成五個區域，西部區域的區域中心在卑爾根，區域中心下的地方中心有三個，每一個縣設有一個類似的復健部門，畢哈娜服務的部門就是其中之一，負責羅格蘭轄區，詳見圖 28、圖 29[3]。

中心有兩位領導，一位負責專業領導，是資深的醫師，另一位負責人事、行政。中心有神經復健科醫師、物理治療師、職能治療師、語言治療師、特教教師、社工。特教教師有不同專長，有的擅長嬰幼兒，有的擅長青少年。畢哈娜在兒童復健部門與其他神經復健科醫師一樣負責醫療診斷，通常初診都是醫師跟物理治療師一起評估觀察，其他職能治療師、語言治療師、特教教師或相關人員會依據初診，進一步安排兒童所需要的評估和診斷，有時轉介單顯示個案是重度需求的孩子，職能治療師和特教教師就會在初診時一起觀察。因為該部門屬於縣市級的支援，所以很多兒童診斷經過中心提供的初期治療穩定之後，都會轉到市級的復健單位，或當地家庭醫師或學校進行治療或教育支援，有時也會轉給教育心理測驗服務（即所謂的 PPT）進行教育心理評估。

中心的每一個個案都會有社工建立檔案，診斷評估之後，將診斷治療報告轉到地方醫院或學校提供服務，定期來中心評估和修改，但如用藥持續三到六個月藥物效果穩定之後，藥物處方也

---

[3] 挪威政府對於各項支援服務都分中心、區域和縣市級，但各部門不一致，畢哈娜所服務的是衛生署的分法，與教育部的分法不同。

會轉到地方的家庭醫師。有必要時才轉回縣市級中心追蹤評估，中心社工會協助追蹤。除非是史丹萬格市區的病人，才可能安排在此部門進行追蹤治療，其他地區的病人都在當地附近的復健單位進行復健。

社工每年會定期開一些衛教課程的工作坊給轄區內的家長，包括認識腦性麻痺或唐氏症等，以及正確的養育方法和運用相關資源。

這個兒童神經復健部門所在地，原本是一所專收腦性麻痺、肢體障礙者的特殊學校，後來挪威政府因應融合教育，陸續把所有特殊學校都轉為資源中心，這個地方就變成以肢體障礙、腦神經異常的兒童為主的資源中心。也因為挪威是社會主義國家，多數財產都是政府的，所以政府教育部就把這個地方給史丹萬格大學的附屬醫院，此中心隸屬衛生署也無爭議。除此之外，史丹萬格大學附屬醫院還另有兒童精神醫療支援中心（如圖 30 所示），其主要以心理衛生服務為主。

畢哈娜表示因為她的專長，很多病童的心理衛生問題都會轉介給她，當然對於代謝或染色體異常的複雜問題，她也會轉介或諮詢其他醫師。她跟其他醫師不一樣的是，多給予精神科方面的藥物治療和心理治療，最近幾年她發現她的腦性麻痺病人長大後，在學校適應並不好，包括沒有朋友、跟不上進度，甚至出現心理衛生適應問題。她表示過去的工作，很多神經科醫師包括她自己，對於腦性麻痺的孩子，都只想到生理和肢體，頂多還有語言溝通的需求，從來沒有想到要注意他們的心理適應。她因工作的觀察，發現腦性麻痺孩子可能有 ADHD、自閉症或亞斯伯格的特質，輕微的也有很多強迫思考或固執重複思考的問題，她也分享利他能（Ritalin）對腦性麻痺的不專心和過動的藥物治療很有效果。她有機會參加專業研習，也發現很多認知障礙的問題行為可能與神經功能異常有關，例如：研究發現自閉症的固執行為跟他們的神經反射功能異常有關，有英國的研究報告並提出亞型特徵觀察，訓練臨床醫師觀察這些與腦神經功能異常有關的行為。我也訝異這些發現與台灣的案例類似，就此跟她討論，她非常肯定有些腦性麻痺的孩子需要精神科藥物治療，也表示自閉症孩子的神經異常也需要注意和治療。她的經驗改變我的想法，台灣很多精神科醫師或家長經常反映，因為癲癇、腦功能異常，不能用藥，或是他本來就是自閉症，對於其異常行為經常直接歸因為自閉症，可見神經科和精神科的專業合作是非常必要的。

畢哈娜因為自己的工作經驗，而且很有心幫助更多腦性麻痺的孩子，她自願申請進行相關研究。因為她所屬部門屬於臨床部門，沒有研究壓力，但基於服務的動機，她需要經費去學習、請人指導以及更全面性的瞭解，所以她自稱老了才開始做研究。她在挪威西部進行區域級關於腦性麻痺的亞型之研究，也獲得挪威政府六年的研究經費補助，可見她的研究確實受到重視。我邀請她必要時可以跟台灣合作，因為台灣目前對於很多腦神經功能異常的障礙孩子，跟挪威早期一樣，只關心生理和肢體，從沒有想過心理的需求，包括認知和社會、情意，尤其最近台灣幾個自殺案例，讓人扼腕，可見精神科和神經科之間的合作診療是必要的。可惜在台灣通常是分工不合作，尤其醫院各部門間的營收壓力之下，慢性病人都被視為醫師的固定票房，不輕易分享給其他部門，這可能是資本主義的副作用。

附錄6

上帝派來台灣的天使——畢嘉士醫師夫婦

在我申請到挪威訪問的機構時，雖然知道屏東基督教醫院的畢嘉士醫師（Olav Bjorgass）[4] 夫婦，也看過吳祥輝在《驚喜挪威》一書中對他們的報導，但我始終沒想到我申請的地方居然是畢醫師居住的地方，世界真小。

我透過史丹萬格大學教育學院的英格（Inger）教授，她曾經到過台灣勝利之家當語言治療師，她幫我安排跟畢嘉士醫師見面，我想既然到了畢醫師的家鄉和所在地，抱著代表台灣人或台灣特教界的感激和朝聖的心情去拜訪，至少算是見見屏東同鄉也好。沒想到他們兩位八十以上高齡的銀髮夫婦，在搬新家不到十天內約我見面。我很高興如約到市中心的車站，已經看到畢師母的黃色小福斯 Lupo 停在那裡。

畢師母卡麗（Kari）主動下車來跟我相認，確實十分熱情，因為師母比書上照片顯得纖細，雖然頭髮較為銀白，但卻顯得年輕，她告訴我畢醫師不知道我們在哪裡，猜英格老師搭火車，所以就去火車站等了，而且兩位老人家不知道約的時間，居然三點半就到車站等了，我真感到不好意思。英格老師跟我約四點二十

[4] 畢醫師的豐功偉業在吳祥輝的《驚喜挪威》一書中有專章報導（頁270-289），網路上也有很多有關畢醫師的消息。

分，我還提早在四點到，沒想到他們已經等了半個多小時了（吳祥輝的書上寫著畢醫師等他們也是等很久，讓我多疑且擔心兩位老人家是否對時間已經失去掌握或有遺忘和緊張的現象了）。

畢師母像一位長者一樣向我問東問西，一直怪我到現在才聯絡他們，她擔心我受到冷落或生活困難，我用中文夾雜英文一直保證，史丹萬格大學的閱讀教育與研究中心待我如賓，我有免費又方便的住所，也接受到很好的招待。事後才知道畢醫師夫婦近幾年幾乎是大陸來的華人必求之資源，他們幫很多大陸人找房子、資源，甚至讓人暫時住他們家裡，省去住宿費用，幫助不少華人順利安頓下來。

不到四點半，看到一位白髮長者朝我們這裡跑來，畢師母說畢醫師來了，我走過去，畢醫師給我一個熱情的擁抱，又問長問短的，真的像是要來照顧我的長者。他又重複地抱怨我沒有早聯絡他們，讓我對自己沒有早點請安，覺得非常愧疚，不過也慶幸，我還是執行了原本的心意，這次拜訪主要是跟他們問好和表達感恩。

英格老師來了之後，畢師母開著她有身心障礙牌照的小黃福斯帶我們三人去市中心附近的中國餐廳——香港酒家，老闆馬上上前招呼，他們像老朋友一樣，也不用點菜就直接上菜了。原來飯店老闆是香港人，由美國剛到挪威時，很多執照申請和生活困難都找畢醫師幫忙。聽說畢醫師剛從台灣退休回來時，很多華人都找他看病，因為他會中文。這是我在挪威第一次上餐館，之前中心聚餐都是在船上或島上，沒有在市區的餐館（實在太貴了，我花不起）。從上個月自瑞典回來，這是我第一次吃到米飯，應該有半個多月沒嘗到米飯的滋味了。

我們用完餐，畢醫師還要老闆把剩下的飯菜都打包讓我帶回家，我欣然答應，彷彿回到當年留學生的狀況，有餐廳的菜吃，真是幸福！我當留學生時，也確實吃不起餐廳，都是等大人請客或特殊場合，才有機會吃上一餐。當然，這幾年我回美國的待遇就好太多了，老師們搶著請我吃飯，連飯局都要排行程。畢竟在挪威人生地不熟，生活費用又高，頓時讓我再度回到留學生的窘境。

離開餐廳前，有一位香港華人上前來問我們是不是書上的畢醫師，我確定她說的是吳祥輝的《驚喜挪威》那本書，告知她就是這位畢醫師，這位婦人好像見到明星般地高興。畢醫師居然邀請他們跟我們一起去他家坐。那位婦人婉拒了，因為他們僅是來此度假，明天一早就離開史港。由此可想像得到吳祥輝書中說的，他們夫婦倆連同一對母女一起被載到畢醫師家用下午茶的情景。我看畢醫師在史丹萬格或挪威真的是見到華人就會表示關切，或是視同他的朋友一樣地招呼。後來聊天證實確實如此。自台灣退休之後，他和他女兒（小兒精神科醫師）陸續到大陸成都、湖南幫忙腦性麻痺復健機構；在挪威時，他也幫很多華人找資助，甚至幫避難的大陸人定居、幫助華人教會成立、全史港的中國餐廳的創業，都有他的協助。他一直強調沒有台灣的人來這裡，他很希望台灣的人可以來這裡學習，他還曾經跟史丹萬格大學爭取給台灣學生名額，但因挪威政府對政治的謹慎，一直沒有成功，他看到我可以到史港進修，非常高興，但也似乎對於沒有幫到忙感到遺憾，真是像我們的父母一樣，要有付出才能釋懷。

短短相處幾個小時，可以看到他們夫婦熱情招待客人，即使才剛搬新家，新家還有很多包裹、照片沒有整理，他們仍是熱情不減，有咖啡、甜點，我也看到畢醫師把屏東縣縣長頒給他的榮譽縣民證明掛在書房（如圖 31 至 33），還有在台灣獲得的獎章、挪威國王的獎章，以及和李登輝先生合照的照片……都掛在牆上，但椅子上還有一堆，他也從盒子裡拿出一些獎章，我問他新公寓的牆壁可以掛得下這麼多嗎？他們剛從有五個人住的大房子搬到這個兩房的公寓，不過，他女兒哈娜就住在附近，他們一直強調他女兒希望他們搬到附近。看到畢師母拄著枴杖，畢醫師的熱情、好動但有點健忘的現象，我一直稱讚這個公寓很好，搬到小一點的公寓是對的，以增強他們接受這次搬家的行動。

在畢醫師家聊了一會兒，吃了甜點、照了相片之後，因為當晚（6 月 23 日）是挪威的仲夏夜（mid-summer eve），兩位主人堅持要載我去逛逛史港附近的美景和仲夏的活動。原本他們還要邀我去搭船慶祝仲夏，但因英格老師表示不方便，我也擔心兩位老人家要陪我到午夜，就附和英格的意見。我們決定不搭船，改搭畢師母的車子兜風。

雖然我跟畢醫師和師母不算熟稔，但我當年在明正國中教書時也到過基督教醫院做床邊教學，在高師大服務也和勝利之家的特教教師張聆蓉有幾次合作，畢醫師又是屏東的榮譽縣民，應該勉強可以連上關係。尤其這幾年整理台灣特殊教育發展的歷史，這些遠來的異國教會人士在台灣殊教育的投入，像是美國的甘神父、艾修女應該是值得國人立碑表揚的。大家熟悉的台南甘神父可說是智能障礙、早期療育的推動者，而畢嘉士醫師應該是台灣的小兒麻痺復健和教育先驅，都是值得我們本地後輩尊敬的。雖然台灣的總統、外交部或醫學界都頒發他獎章，但好像特殊教育界較少表揚這位對肢體障礙與多重障礙致力良多的先驅。

畢嘉士醫師在醫學院畢業之後，就志願接受教會派到中國服務，當時因為共黨解放（或竊據）大陸，很多外國傳教士被拒絕在門外，所以他只好來到台灣，台灣也就因此獲得這一對天使。從他在台灣一直到現在，他好像一直沒有卸下這個任務，即使號稱已經退休，他在挪威對華人，尤其是對台灣的關心熱誠不減當年，台灣勝利之家、其他障礙者的工作和台海兩岸關係和緊張都屢次出現在我們的談話。後來我才知道因為挪威最悠久的神學院設在史丹萬格（曾經是唯一的），史港附近地區算是全挪威的基督教活動和信仰比較虔誠的地區，吳祥輝書上介紹的另一對在埔里服務的阿公阿嬤，來自挪威的南部，距離史丹萬格南方幾小時車程。史丹萬格教會派人到中國服務應該超過百年的歷史，當然在 1950 至 1990 年代就以台灣為主，1990 年代之後，台灣經濟、社會福利制度逐漸上軌道，他們也開始轉往大陸去服務。

此地很多像畢醫師這樣的先驅，不管他們到哪裡服務，通常他們都是志願到資源差、條件差的地方，他們都是秉著自己專業的基本訓練，以熱誠、信仰為動力，以解決問題為目標，從做中學而創造很多奇蹟。他到台灣原來被派去治療痲瘋病人，他也曾經犯過錯誤（參考《驚喜挪威》一書專章），但他積極尋求海外資源，不斷在工作上自我進修，由痲瘋到肺結核、小兒麻痺、腦性麻痺，他從來不曾因為他沒有學過而退縮，也沒有因為他不會而放棄。當然，信仰和解決問題的能力是非常重要的關鍵。

畢醫師說學醫學的目的不是為了賺錢，而是為了幫助窮困的人解決疾病的痛苦，所以，他志願接受教會任務，被派到需要他的地方服務。如果要賺錢他大可以留在挪威，資源豐富、經濟條件好，這樣他面臨的問題可能就不會那麼大。想當年台灣根本還不知道小兒麻痺時，突然的大量傳染，因為他的努力，屏東縣是當時台灣最早大量施打疫苗的地區，想來我應該多感謝他幾分，因為我生長的年代就是小兒麻痺盛行而疫苗尚未正式施打的年代。他除了救了很多小兒麻痺患者，應該也救了很多四、五年級沒有感染到小兒麻痺的人，包括我在內。

後來基督教醫院面臨腦性麻痺的挑戰更大，他所處理的問題絕對都不是他來台灣之前就學過的。台南的甘神父也是一樣，據我所知，他也是到了台灣才發現本地居民的需要，再回去美國學特殊教育、早期療育。所以，只要有熱誠、目標，沒有足夠的知能，仍是可以在做中學的。更值得效法的是，上一代的人學到基本知能之後，就可以透過工作挑戰在職場上解決沒有遇到過的問題，這種自我學習、不怕挑戰的態度，正是現代的學生所欠缺的。經常聽到很多老師抱怨以前教授沒有教，以前課本沒有說，人類社會的遽變速度之快，即使讀遍所有的教科書、聽到所有老師應該教的知識，每個人還是會遇到前所未有的困難，學習應該包括基本知能和如何利用知能解決問題。不會解決問題，再多的知能也是枉然，沒有問題解決能力就很難去解決前所未有的挑戰。然而，面對前所未有的挑戰卻可能是常態，從畢醫師的故事和特殊教育過去三十年的變化，都已經證明了很多現在仍未知的新問題一定會到來，沒有人可以在學校預先把這些問題學起來的。前人的精神真是現代學子的學習典範。

台灣師範大學特教系最早三屆（83 至 85 級，不知道是第三或四屆前）的學生，當時導師都擔心系內師資有限，學生對解決現實問題的準備不夠，也缺乏工作的楷模。前幾屆的導師在大一的暑假都會帶隊做特教楷模訪問之旅，順便環島旅遊。我曾經陪

84 級的學生到過花蓮拜訪玉里安德啟智中心的法國神父、台南的甘神父，後來因為特教教師的典範增加了，特殊教育工作也逐漸清楚了，這樣的活動在第四或第五屆之後就停辦了。近年內，昭儀老師也曾邀請甘神父到系上專題研討分享他對特殊教育的付出，也許我們應該需要提供學生類似典範的學習經驗。

據聞教育部為建國百年即將出版一本特殊教育百年特刊，其中會蒐集很多特教先驅的故事，希望這些故事可以告訴下一代，當年在沒有特殊教育法、沒有特殊教育制度、沒有特殊教育系的時代，這些先驅如何努力照顧身心障礙者、如何為台灣的障礙學生爭取專業服務和福利，他們就像上帝派來的天使一樣，為我們照顧身心障礙者。

參考文獻

中文部分

吳祥輝（2009）。**驚喜挪威**。台北：遠流。

柯華葳、詹益綾、張建妤、游婷雅（2008）。**台灣四年級學生閱讀素養（PIRLS 2006 報告）**。桃園縣：國立中央大學學習與教學研究所。

洪儷瑜（2001）。**英國的融合教育**。台北：學富文化。

洪儷瑜、陳淑麗、王瓊珠、方金雅、張郁雯、陳美芳、柯華葳（2009）。閱讀障礙篩選流程的檢驗：篩選或教師轉介之比較。**特殊教育研究學刊，34**（1），1-22。

維基百科（無日期 a）。**瑞典宗教**。2010 年 6 月 24 日，取自 http://zh.wikipedia.org/zh-tw/%E7%91%9E%E5%85%B8#.E5.AE.97.E6.95.99

維基百科（無日期 b）。**台灣宗教**。2010 年 6 月 24 日，取自 http://zh.wikipedia.org/wiki/%E5%8F%B0%E7%81%A3%E5%AE%97%E6%95%99

維基百科（無日期c）。**變動中的台灣宗教信仰**。2010 年 6 月 24 日，取自 http://www.ios.sinica.edu.tw/TSCpedia/index.php/%E8 %AE%8A%E5%8B%95%E4%B8%AD%E7%9A%84%E5%8F%B0%E7%81%A3%E5%AE%97%E6%95%99%E4%BF%A1%E4%BB%B0

英文部分

Anonymous (n.d.). *Toward inclusive education in Norway*. Retrieved June 21, 2010, from http://www.uio.no/studier/emner/uv/isp/SNE 4110/h06/undervisningsmateriale/Theie270906.PPT

Anthun, R., & Manger, T. (2007). School psychology in Norway. In S. Jimmerson, T. Oakland & P. Farrel (Eds.), *Handbook of international school psychology* (pp. 283-293). Thousand Oaks, CA: Sage.

Formo, J. (n.d.). *Norway: The way from a system of special schools to a system for special education support*. Retrieved June 21, 2010, from http://www.in-clues.org/english/doc/From%20Special%20Schools%20to%20a%20Support%20system.pdf

Heber, E. (2010). *Personal communication*. 5 月 18 日，6 月 22、30 日訪問稿。

Heber, E. (n.d.). *Upper secondary school in Norway: Introduction of the school system and the support system*. 作者於 6 月 30 日訪問時提供之講義。

Lesesenter [the Reading Center]. (2009). Norway: University of Stavanger.

Martin, M., Mullis, I., & Kennedy, A. (2007). *PIRLS 2006 Assessment framework and specifications* (2nd ed.). Chestnut Hill, MA: TIMMS & PIRLS International Study Center, Boston College.

Mullis, I., Martin, M., Gonzalez, E. J., & Foy, P. (2007). *PIRLS 2006 International report*. Chestnut Hill, MA: Boston College.

Mullis, I., Martin, M., Gonzalez, E. J., & Kennedy, A. (2001). *PIRLS 2001 International report*. Chestnut Hill, MA: Boston College.

National Support of Special Needs (n.d.). *Special education support*. Retrieved June 4, 2010, from http://www.skolenettet.no/nyUpload/Moduler/Statped/Felles/Filer%20overordnet/Engelsk_brosjyre.pdf

Organisation for Economic Co-operation and Development [OECD] (2001). *Knowledge and skills for life: First result from OECD programe for international student assessment*. Paris, France: The Author.

Organisation for Economic Co-operation and Development [OECD] (2005a). *Learning a living: First result of adult literacy and living skills survey*. Paris, France: The Author.

Organisation for Economic Co-operation and Development [OECD] (2005b). *Special education needs: Statistics and indicator*. Retrieved June 23, 2010, from http://www.oecd.org/document/52/0,3343,en_2649_39263294_20746420

_1_1_1_1,00.html

Organisation for Economic Co-operation and Development [OECD](2006). *The Programme for International Student Assessment* (PISA). Paris, France: The Author.

Organisation for Economic Co-operation and Development [OECD] (2007). *Improving school leadership: Country background report of Norway*. Retrieved June 20, 2010, from http://www.oecd.org/edu/schoolleadership

Organisation for Economic Co-operation and Development [OECD](2009). *PISA 2009 Result: What students know and can do-Student performance in reading, mathematics and science (Volume I)*. Retrieved from http://dx.doi.org/10.1787/9789264091450_en

Solheim, R. (2010). *Personal communication*. 5 月 22 日訪問稿。

Stavanger (2010). *Primary and secondary school*. Retrieved June 20, 2010, from http://www.stavangerexpats.com/living-in-norway/education/primarysecondary-school

The Norwegian Centre for International Cooperation in Higher Education (2007). *Norwegian higher education system*. Retrieved June 20, 2010, f rom http://www.studyinnorway.no/sn/Education-system/Norwegian-higher-education-system

Thygesen, R. (2007). Students with learning disabilities: An update on Norwegian educational policy, practice, and research. *Learning Disabilities Research and Practice, 22*(3), 187-193.

Thygesen, R. (2010). Students with learning disabilities: An Norwegian educational policy and practice. *Recent Advances Research Updates, 11*(1), 7-15.

Ziegler, J. C., & Goswami, U. (2005). Reading acquisition, developmental dyslexia and skilled reading across languages: A psycholinguistic grain size theory. *Psychological Bulletin, 131*(1), 3-29.

索 引

國家圖書館出版品預行編目（CIP）資料

突破閱讀困難的另一種模式：挪威的閱讀困難補救系統
系統／洪儷瑜著. --初版.-- 臺北市：心理,
2011.12
面； 公分.--（障礙教育系列；63109）
ISBN 978-986-191-478-7（平裝）

1.閱讀障礙 2.特殊教育 3.補教教學 4.挪威

529.699474 100022811

障礙教育系列 63109

突破閱讀困難的另一種模式：挪威的閱讀困難補救系統

作　　者：洪儷瑜
執行編輯：林汝穎
總 編 輯：林敬堯
發 行 人：洪有義
出 版 者：心理出版社股份有限公司
地　　址：231026 新北市新店區光明街 288 號 7 樓
電　　話：(02) 29150566
傳　　真：(02) 29152928
郵撥帳號：19293172 心理出版社股份有限公司
網　　址：https://www.psy.com.tw
電子信箱：psychoco@ms15.hinet.net
排 版 者：辰皓國際出版製作有限公司
印 刷 者：辰皓國際出版製作有限公司
初版一刷：2011 年 12 月
初版二刷：2021 年 2 月
I S B N：978-986-191-478-7
定　　價：新台幣 160 元